국민보급형

훈민정음 해례본

우주의 질서와 철학이 담긴
한글 창제의 원리와 그 사용법

국민보급형

훈민정음 해례본

우주의 질서와 철학이 담긴
한글 창제의 원리와 그 사용법

원작 **세종대왕**
글 **이영호**

달아실

엮은이의 말

  '훈민정음은 세종대왕이 온 국민을 위하여 창제하여 널리 쓰이도록 반포한 것인데 어째서 우리는 지금까지도 훈민정음 해례본을 쉽게 만나지 못할까?'

  이 책의 집필은 어쩌면 너무 당연한 것임에도 우리가 간과하고 있었던 의문에서 비롯되었습니다. 훈민정음 해례본을 보고 싶어도 쉽게 볼 수 없다는 점 때문이기도 합니다. 기존 출간된 훈민정음 해례본은 찾아보고 싶어도 선뜻 엄두를 내기 어려운 여건이 있었으며, 상주에서 발견되었다는 훈민정음 해례본은 이 책이 출간된 2019년 1월에도 그 소유권을 두고 여러 곳에서 대립하고 있어서 언제 제대로 볼 수 있을지 모르는 상황입니다. 게다가 여타 훈민정음 도서들은 다소 난해한 해석과 수박 겉핥기식의 두루뭉술한 내용이 많아 차라리 훈민정음 원문 자체를 보고 싶다는 아쉬움만 더 크게 만들었기 때문입니다.

  또한, 훈민정음에서 사라진 아래아(·), 반치음(△), 옛이응(ㆁ), 여린히읗(ㆆ) 글자들에 대해 온전히 설명하는 내용을 찾아보기 어려웠던 점도 없지 않았습니다. 우리 글자인데 우리가 알지 못하는, 심지어 우리가 우리 글자의 사용법을 모르는 일들이 현재도 지속되고 있는 상태였던 것입니다.

  이 책이 세상에 나오게 된 이유입니다.

이 책은 기 출간되어 널리 알려진 훈민정음 해례본을 원문 그대로 1443년 한글 창제 당시의 모습으로 읽을 수 있도록 노력하였고, 더 나아가 훈민정음이 창제될 당시의 문화와 사회생활을 반영하여 훈민정음에 담긴 세종대왕의 의중을 조금이나마 더 사실적으로 기록하고자 노력하였습니다. 온 국민이 훈민정음 해례본을 만나고 한글 창제 원리를 배우는 데 부족함이 없도록 훈민정음 해례본 원문을 담으면서, 설명이 필요한 글귀와 문장에는 각 쪽 하단에 주석으로 표시하여 독자들이 이해하는 데 도움이 되도록 하였습니다.

2019년은 세종대왕이 훈민정음을 창제한 지 576년째 되는 해(年)입니다. 한글을 쓰는 대한민국 국민이라면, 아니 한글을 사용하는 모든 사람이라면 누구에게든 이 책이 작으나마 도움이 되기를 바랍니다. 이번 책 출간에 멈추지 않고 추후 사료 연구를 바탕으로 언제든 내용을 보완하고 다듬어서 더욱더 완전한 훈민정음 해례본에 대한 해석서가 될 수 있도록 노력할 것임을 말씀드립니다.

끝으로 부족하나마 이 책이 우리 선조의 위대한 문화유산에 대한 자긍심을 고취시키는 계기가 되기를 바라는 마음 가득합니다.

2019년 1월
이영호 두손

읽기에 앞서

훈민정음에 대한 이해를 돕기 위해 문화체육관광부 어린이 누리집 사이트에서 설명하고 있는 '한글의 이해' 부분을 발췌하여 옮겨 적습니다. (사이트 주소: https://www.mcst.go.kr/usr/child/s_culture/korean/koreanInfo.jsp)

1. 훈민정음 해례본이란 무엇인가요?

『훈민정음』해례본은 훈민정음을 한문으로 해설한 책입니다. 세종대왕은 1443년(필자 주: 양력 1444년 1월)에 훈민정음 28자를 창제하고 그에 대한 자세한 해설(풀이)과 용례(보기)를 붙여 1446년 음력 9월(필자 주: 양력 10월 9일)에 『훈민정음』이라는 책을 펴냈습니다. 이 책에는 특별히 '해설'과 '용례'가 갖추어져 있어 『훈민정음』해례본이라고 부릅니다.

『훈민정음』해례본에는 한글을 만든 목적과 근본 뜻, 창제 원리, 역사적 의미를 비롯해 새 문자의 다양한 예들이 실려 있습니다. 이 책은 크게 두 부분으로 나뉩니다. 앞부분은 세종대왕이 지었고, 뒷부분은 집현전 학사 정인지, 최항, 박팽년, 신숙주, 성삼문, 이개, 이선로, 강희안 등 여덟 명이 함께 지었습니다. 세종대왕이 쓴 부분을 '정음편' 또는 '예의편'이라 부르고, 신하들이 풀어 쓴 부분을 '정음해례편' 또는 '해례편'이라고 부릅니다. 정음편(본문)은 '세종대왕의 서문'과 '예의'로, 정음해례편은 '해례'와 '정인지 서문'으로 구성되어 있습니다.

세종대왕이 직접 펴낸 초간본(목판본)은 오랜 세월 알려지지 않다가 1940년에 경상북도 안동에서 발견되었습니다. 그 책을 간송 전형필 선생이 사들여 지금은 간송미술관(서울 성북구)에서 보관하고 있습니다. 이 책은 1962년에 대한민국 국보 제70호로 지정되었고, 1997년에는 유네스코 세계기록유산으로 등재되었습니다.

한글날은 세종대왕이 1446년에 『훈민정음』 해례본을 통해 훈민정음을 반포한 날을 기리는 날입니다. 『훈민정음』 해례본 원본이 발견되기 전까지는 『세종실록』의 기록에 따라 훈민정음 반포일을 음력 9월 29일로 정해 1926년부터 조선어학회(지금의 한글학회) 주도로 한글날 기념식을 치렀습니다.

『훈민정음』 해례본에 의하면 세종은 1446년 음력 9월 상순에 이 책을 펴냈습니다. '상순'은 1일부터 10일까지를 뜻하는데, 조선어학회에서는 상순의 마지막 날인 음력 9월 10일을 훈민정음 반포일로 정했고, 1945년부터 이를 양력으로 바꿔 10월 9일에 기념식을 갖기 시작했습니다.

북한에서는 '훈민정음 창제 기념일'이라 하여 한글 창제를 기념합니다. 대한민국은 훈민정음을 반포한 날을, 북한은 훈민정음을 창제한 날을 기념한다는 점이 다릅니다.

『세종실록』 1443년 12월 30일자(필자 주: 음력)에 "이달에 임금이 친히 언문 28자를 지으셨다."라는 기록이 나옵니다. 그러나 '이달'이라고만 되어 있어 정확하게 12월 어느 날에 새 문자가 만들어졌는지는 알 수 없습니다. 그래서 북한은 음력 12월 중간인 12월 15일을 훈민정음 창제일로 잡고 이를 양력으로 바꾼 1월 15일을 기념일로 삼고 있습니다.

〔일러두기〕

1. 본 책의 원문은 한글학회 수정본(1997)을 따랐습니다.

2. 본 책의 서체는 현재 인쇄가 가능한 전자식 활자체로서 원문의 서체와
   똑같지는 않습니다.

3. 본 책의 원문 한자는 가급적 한글학회 수정본을 따랐지만, 현재 한자로
   는 지원되지 않는 일부 한자의 경우 부득이하게 지원되는 한자를 사용
   하였습니다.

4. 본 책의 짝수 쪽에는 원문을, 홀수 쪽에는 해석을 실었으며, 원문 순서
   대로 (원문)상단에 일련 번호를 표기하였습니다.

5. 원문의 종결점 표시(ㅇ)는 가운데 하단에 있는 경우 쉼표(,) 역할을 하
   고, 오른쪽 하단에 있는 경우 마침표(.) 역할을 합니다.

6. 원본(간송본)의 일부 한자에는 (ㅇ) 표시가 글자에 붙어서 표기되어 있
   는데, 이는 음의 사성(높낮이)을 표시한 것입니다. 본 책에서는 종결점
   과 구분하기 위해 사성 표시를 별색(●)으로 표시하였습니다.

차　례

1부
정음편

訓民正音
國之語音。異乎中國。與文字
不相流通。故愚民有所欲言。
而終不得伸其情者多矣。予
為此憫然。新制二十八字。欲
使人人易習便於日用耳
ㄱ。牙音。如君字初發聲

1 '중국'의 의미('나라 안')에 대해서는 각주 48, 49를 참조할 것.
2 『세종실록』, 권 113, 세종 28년 9월 29일(갑오) 네 번째 기사.
3 한글 28자의 글 모양 및 소릿값 그리고 문장의 운용법에 대한 설명을 싣고 있다.
4 뒤혓바닥을 여린입천장에 올려붙이고 거기를 막아내는 소리. 기본 소리는 'ㄱ'이며 'ㅋ', 'ㆁ(옛이응)'도
   이에 속한다. 훈민정음 제자해에서 '혀뿌리가 목구멍을 막아내는 소리'라고 설명[세종대왕기념사업회
   한국글꼴개발원, 『한글글꼴용어사전』(세종대왕기념사업회, 2000)].

1. 세종대왕의 서문

訓民正音
훈 민 정 음

　백성을 가르치는 바른 소리

國之語音이 異乎中國하여 與文字不相流通하니라.
국 지 어 음　　이 호 중 국　　　여 문 자 불 상 유 통

　나랏말소리가 나라 안(中國)[1]에서 달라 문자로 서로 소통하지 못한다.[2]

故愚民有所欲言하여도 而終不得伸其情者多矣라.
고 우 민 유 소 욕 언　　　이 종 부 득 신 기 정 자 다 의

　이런 까닭에 어리석은 백성들이 말하고 싶어도 그 뜻을 이루지 못하는
이가 많다.

予爲此憫然하여 新制二十八字하니 欲使人人易習하여 便扵日用耳니라.
여 위 차 민 연　　　신 제 이 십 팔 자　　　욕 사 인 인 이 습　　　편 어 일 용 이

　내가 이것을 가엽게 여겨 새로 스물여덟 글자를 만드니 사람들이 쉽게
배워서 날마다 쓰는 데 편하게 하고자 할 따름이다.

2. 예의(例義)[3]

ㄱ은 牙音이니 如君[군]字初發聲하니라.
　　　아 음　　　여 군　　자 초 발 성

　ㄱ(기역)은 어금닛소리(아음)[4]며 '군(君)'자의 첫소리와 같다.

並書如虯字初發聲

ㅋ 牙音如快字初發聲

ㆁ 牙音如業字初發聲

ㄷ 舌音如斗字初發聲

並書如覃字初發聲

ㅌ 舌音如吞字初發聲

ㄴ 舌音如那字初發聲

5　윗잇몸에 혀를 붙여내는 소리로 혀끝이 윗잇몸에 닿는 형상을 본뜸[『한국민족문화대백과사전』 (한국정신문화연구원, 1996)].

並書하면 如虯[뀨]字初發聲하니라.
병서   여규   자초발성

　　('ㄱ'을) 나란히 쓰면 '뀨(虯)'자의 첫소리와 같다.

ㅋ은 牙音이니 如快[쾌]字初發聲하니라.
　　아음   여쾌   자초발성

　　ㅋ(키읔)은 어금닛소리며 '쾌(快)'자의 첫소리와 같다.

ㆁ은 牙音이니 如業[업]字初發聲하니라.
　　아음   여업   자초발성

　　ㆁ(옛이응)은 어금닛소리로 '업(業)'자의 첫소리와 같다.

ㄷ은 舌音이니 如斗[두]字初發聲하고 並書하면 如覃[땀]字初發聲하니라.
　　설음   여두   자초발성   병서   여담   자초발성

　　ㄷ(디귿)은 혓소리⁵로 '두(斗)'자의 첫소리와 같고 나란히 쓰면 '땀(覃)'
자의 첫소리와 같다.

ㅌ은 舌音이니 如呑[튼]字初發聲하니라.
　　설음   여탄   자초발성

　　ㅌ(티읕)은 혓소리로 '튼(呑)'자의 첫소리와 같다.

ㄴ은 舌音이니 如那[나]字初發聲하니라.
　　설음   여나   자초발성

　　ㄴ(니은)은 혓소리로 '나(那)'자의 첫소리와 같다.

ㅂ。脣音。如彆字初發聲

ㅃ。並書。如步字初發聲

ㅍ。脣音。如漂字初發聲

ㅁ。脣音。如彌字初發聲

ㅈ。齒音。如即字初發聲

ㅉ。並書。如慈字初發聲

ㅊ。齒音。如侵字初發聲

---

6 순음. 입술을 작용시켜 발음하는 소리[『한국민족문화대백과사전』(한국정신문화연구원, 1996)].

7 치음. 윗앞니에 혀끝을 대어 조음되는 소리[이응백 외, 『국어국문학자료사전』(한국사전연구사, 1994)].

ㅂ은 脣音이니 如彆[볋]字初發聲하고 並書하면 如步[뽀]字初發聲하니라.

ㅂ(비읍)은 입술소리⁶로 '볋(彆)'자의 첫소리와 같고 나란히 쓰면 '뽀(步)'자의 첫소리와 같다.

ㅍ은 脣音이니 如漂[표]字初發聲하니라.

ㅍ(피읖)은 입술소리로 '표(漂)'자의 첫소리와 같다.

ㅁ은 脣音이니 如彌[미]字初發聲하니라.

ㅁ(미음)은 입술소리로 '미(彌)'자의 첫소리와 같다.

ㅈ은 齒音이니 如即[즉]字初發聲하고 並書하면 如慈[짜]字初發聲하니라.

ㅈ(지읒)은 잇소리⁷로 '즉(即)'자의 첫소리와 같고 나란히 쓰면 '짜(慈)'자의 첫소리와 같다.

ㅊ은 齒音이니 如侵[침]字初發聲하니라.

ㅊ(치읓)은 잇소리로 '침(侵)'자의 첫소리와 같다.

17

ㅅ。齒音。如戌字初發聲

並書。如邪字初發聲

ㆆ。喉音。如把字初發聲

ㅎ。喉音。如虛字初發聲

並書。如洪字初發聲

ㅇ。喉音。如欲字初發聲

ㄹ。半舌音。如閭字初發聲

8 후음. 목구멍에서 발생되는 소리[이응백 외, 『국어국문학자료사전』(한국사전연구사, 1994)].

ㅅ은 齒音이니 如戌[슗]字初發聲하고 並書하면 如邪[쌰]字初發聲하니라.
처음   여술   자초발성   병서   여사   자초발성

ㅅ(시옷)은 잇소리로 '슗(戌)'자의 첫소리와 같고 나란히 쓰면 '쌰(邪)'자의 첫소리와 같다.

ㆆ은 喉音이니 如把[흡]字初發聲하니라.
후음   여읍   자초발성

ㆆ(여린히읗)은 목구멍소리®로 '흡(把)'자의 첫소리와 같다.

ㅎ은 喉音이니 如虛[허]字初發聲하고 並書하면 如洪[뽕]字初發聲하니라.
후음   여허   자초발성   병서   여홍   자초발성

ㅎ(히읗)은 목구멍소리로 '허(虛)'자의 첫소리와 같고 나란히 쓰면 '뽕(洪)'자의 첫소리와 같다.

ㅇ은 喉音이니 如欲[욕]字初發聲하니라.
후음   여욕   자초발성

ㅇ(이응)은 목구멍소리로 '욕(欲)'자의 첫소리와 같다.

ㄹ은 半舌音이니 如閭[례]字初發聲하니라.
반설음   여려   자초발성

ㄹ(리을)은 반혓소리로 '려(閭)'자의 첫소리와 같다.

△。半齒音。如穰字初發聲

ㆍ。如吞字中聲

ㅡ。如即字中聲

ㅣ。如侵字中聲

ㅗ。如洪字中聲

ㅏ。如覃字中聲

ㅜ。如君字中聲

△은 半齒音이니 如穰[샹]字初發聲하니라.
반치음　　여 양　　자초발성

　　△(여린시옷)은 반잇소리니 '샹(穰)'자의 첫소리와 같다.

·는 如吞[툰]字中聲하니라.
여 탄　　자중성

　　·(아래아)는 '툰(吞)'자의 가운뎃소리와 같다.

ㅡ는 如即[즉]字中聲하니라.
여 즉　　자중성

　　ㅡ(으)는 '즉(即)'자의 가운뎃소리와 같다.

ㅣ는 如侵[침]字中聲하니라.
여 침　　자중성

　　ㅣ(이)는 '침(侵)'자의 가운뎃소리와 같다.

ㅗ는 如洪[뽕]字中聲하니라.
여 홍　　자중성

　　ㅗ(오)는 '뽕(洪)'자의 가운뎃소리와 같다.

ㅏ는 如覃[땀]字中聲하니라.
여 담　　자중성

　　ㅏ(아)는 '땀(覃)'자의 가운뎃소리와 같다.

ㅜ는 如君[군]字中聲하니라.
여 군　　자중성

　　ㅜ(우)는 '군(君)'자의 가운뎃소리와 같다.

21

ㅓ。如業字中聲

ㅛ。如欲字中聲

ㅑ。如穰字中聲

ㅠ。如戌字中聲

ㅕ。如彆字中聲

終聲復用初聲。○連書脣音

之下。則為脣輕音。初聲合用

ㅓ는 如業[업]字中聲하니라.
여 업 자중성

ㅓ (어)는 '업(業)'자의 가운뎃소리와 같다.

ㅛ는 如欲[욕]字中聲하니라.
여 욕 자중성

ㅛ (요)는 '욕(欲)'자의 가운뎃소리와 같다.

ㅑ는 如穰[샹]字中聲하니라.
여 양 자중성

ㅑ (야)는 '샹(穰)'자의 가운뎃소리와 같다.

ㅠ는 如戍[슐]字中聲하니라.
여 술 자중성

ㅠ (유)는 '슐(戍)'자의 가운뎃소리와 같다.

ㅕ는 如彆[볃]字中聲하니라.
여 별 자중성

ㅕ (여)는 '볃(彆)'자의 가운뎃소리와 같다.

終聲復用初聲하니라. ㅇ連書脣音之下하면 則爲脣輕音이니라.
종 성 부 용 초 성   련 서 순 음 지 하   즉 위 순 경 음

끝소리는 첫소리를 다시 쓴다. 'ㅇ'을 입술소리의 아래에 이어 쓰면 입
술가벼운소리(순경음: ㅱㅸㅹㆄ)가 된다.

則並書終聲同。 ・ 一 ㅗ ㅜ ㅛ ㅠ

ㅡ ㅣ 附書初聲之下。 ㅣ ㅏ ㅓ ㅑ

ㅕ 附書於右。凡字必合而成

音。左加一點則去聲。二則上

聲。無則平聲。入聲加點同而

促急

---

9 평성은 낮고 평이한 소리, 상성은 낮았다가 올라가는 소리, 거성은 높고 긴 소리, 입성은 짧고 빨리 끝나는 소리다.

初聲合用則並書하고 終聲同하니라.
초 성 합 용 즉 병 서　　　 종 성 동

　　첫소리를 합쳐 쓰려면 나란히 쓰고, 끝소리도 같은 방식으로 쓴다.

·ㅡㅗㅜㅛㅠ는 附書初聲之下하고 ㅣㅏㅓㅑㅕ는 附書於右하니라.
　·　　　　　 부 서 초 성 지 하　　　　　 부 서 어 우

　　'·, ㅡ, ㅗ, ㅜ, ㅛ, ㅠ'는 첫소리 아래에 붙여 쓰고, 'ㅣ, ㅏ, ㅓ, ㅑ, ㅕ'는
오른쪽에 붙여 쓴다.

凡字必合而成音하니라.
범 자 필 합 이 성 음

　　모든 글자는 반드시 합해져서 음절을 이룬다.

左加一點則去聲이고 二則上聲이요 無則平聲이니라.
좌 가 일 점 즉 거 성　　　 이 즉 상 성　　　 무 즉 평 성

　　왼쪽에 점 하나를 붙이면 거성이고 점이 둘이면 상성이고 없으면 평
성이다.[9]

入聲加點同而促急이니라.
입 성 가 점 동 이 촉 급

　　입성은 점을 붙이는 것은 같은데 (소리가) 매우 빠르다.

25

2부
훈민정음 해례편

訓民正音解例

制字解

天地之道。一陰陽五行而已。坤復

之間為太極。而動靜之後為陰陽。

凡有生類在天地之間者。捨陰陽。

而何之。故人之聲音。皆有陰陽之

理。顧人不察耳。今正音之作。初非

智營而力索。但因其聲音而極其

---

10 한글 제작 취지, 원리, 소릿값의 관계, 음양오행 관계 등에 대한 설명.
11 음양오행설(陰陽伍行說)은 음양(陰陽)설과 오행(伍行)설을 함께 묶어 부르는 말이다. 음양설은 우주나
인간의 모든 현상이 음(陰)과 양(陽)의 쌍으로 나타난다는 것이다(위-아래, 높음-낮음, 여자-남자).
이들은 대립하면서 동시에 상보적이다. 음(陰)과 양(陽)이 확장하고 수축함에 따라 우주의 운행이
결정된다는 것이며, 음과 양이 네 가지 기운(생로병사)에 따라 확장-수축함으로써 다섯 가지 오행이
나타난다는 것이 오행설이다. 오행설은 금(金), 수(水), 목(木), 화(火), 토(土)의 다섯 가지 원소가 음양의
원리에 따라 행함으로써 우주의 만물이 생성하고 소멸하게 된다는 것이다.

訓民正音解例
훈 민 정 음 해 례

1. 제자해(制字解)[10]

天地之道는 一陰陽五行而已니라.
천 지 지 도　　일 음 양 오 행 이 이

　　하늘과 땅의 원리는 오로지 음양오행[11]일 뿐이다.

坤復之間為太極이요, 而動靜之後為陰陽이니라.
곤 복 지 간 위 태 극　　　이 동 정 지 후 위 음 양

　　곤(坤)괘와 복(復)괘 사이가 태극이 되고, (태극이) 움직였다 멈춘 후
음양이 된다.

凡有生類在天地之間者가 捨陰陽而何之리오.
범 유 생 류 재 천 지 지 간 자　　사 음 양 이 하 지

故人之聲音이 皆有陰陽之理이나 顧人不察耳니라.
고 인 지 성 음　　개 유 음 양 지 리　　고 인 불 찰 이

　　무릇 하늘과 땅 사이에 살아 있는 것들이 음양을 버리면 어떻게 될 것
인가? 그러므로 사람의 소리에도 음양의 이치가 있는데 사람이 깨닫지
못할 뿐이다.

今正音之作은 初非智營而力索이요 但因其聲音而極其理而已니라.
금 정 음 지 작　　초 비 지 영 이 력 색　　　단 인 기 성 음 이 극 기 리 이 이

　　지금 바른소리(正音)를 만든 것은 애초에 지혜를 짜내어 억지로 구한 것
이 아니다. 다만 그 소리의 원리에 따라 이치를 다했을 뿐이다.

理而已。理既不二。則何得不與天
地鬼神同其用也。正音二十八字。
各象其形而制之。初聲凡十七字。
牙音ㄱ。象舌根閉喉之形。舌音ㄴ。
象舌附上腭之形。脣音ㅁ。象口形。
齒音ㅅ。象齒形。喉音ㅇ。象喉形。ㅋ
比ㄱ。聲出稍厲。故加畫。ㄴ而ㄷ。ㄷ
而ㅌ。ㅁ而ㅂ。ㅂ而ㅍ。ㅅ而ㅈ。ㅈ而

理既不二니 則何得不與天地鬼神同其用也리오.
이 기 불 이   즉 하 득 불 여 천 지 귀 신 동 기 용 아

正音二十八字는 各象其形而制之니라.
정 음 이 십 팔 자   각 상 기 형 이 제 지

원리란 본래 둘이 아니므로 어찌 천지귀신(천지신명)과 그 작용을 같이 하지 않겠는가? 바른소리 스물여덟 자는 각각 그 형태(발음기관 · 발음작용 · 천지인)를 본떠 만들었다.

初聲凡十七字니라. 牙音ㄱ은 象舌根閉喉之形이니라. 舌音ㄴ은 象舌附
초 성 범 십 칠 자   아 음   상 설 근 폐 후 지 형   설 음   상 설 부

上腭之形이니라. 脣音ㅁ은 象口形이니라. 齒音ㅅ은 象齒形이니라.
상 악 지 형   순 음   상 구 형   치 음   상 치 형

喉音ㅇ은 象喉形이니라. ㅋ比ㄱ, 聲出稍厲하니 故加畫이니라.
후 음   상 후 형   비   성 출 초 려   고 가 획

첫소리는 열일곱 자이다. 어금닛소리 'ㄱ'은 혀뿌리가 목구멍을 닫는 형태를 본뜬 것이다. 혓소리 'ㄴ'은 혀가 윗잇몸에 붙는 형태를 본떴다. 입술소리 'ㅁ'은 입모양을 본뜨고, 잇소리 'ㅅ'은 치아 모양을 본뜨고, 목구멍소리 'ㅇ'은 목구멍 모양을 본뜬 것이다. 'ㅋ'은 'ㄱ'에 비하여 소리가 세게 나므로 획을 더했다.

ㄴ而ㄷ, ㄷ而ㅌ, ㅁ而ㅂ, ㅂ而ㅍ, ㅅ而ㅈ,
   이   이   이   이   이

'ㄴ'에서 'ㄷ', 'ㄷ'에서 'ㅌ', 'ㅁ'에서 'ㅂ', 'ㅂ'에서 'ㅍ', 'ㅅ'에서 'ㅈ',

ㄱ。ㅇ而ㆆ。ㅇ而ㅎ。其因聲加畫之
義皆同而唯ㅇ為異。半舌音ㄹ。半
齒音△亦象舌齒之形而異其體。
無加畫之義焉。夫人之有聲本於
五行。故合諸四時而不悖。叶之五
音而不戾。喉邃而潤。水也。聲虛而
通。如水之虛明而流通也。於時為
冬。於音為羽。牙錯而長。木也。聲似

12 우주 간에 운행하는 원기(元氣)로서 만물을 낳는 5원소(元素): 금(金), 목(木), 수(水), 화(火), 토(土)
13 음률(音律)의 다섯 가지 음: 궁(宮), 상(商), 각(角), 치(徵), 우(羽)

ㅈ而ㅊ, ㅇ而ㆆ, ㆆ而ㅎ, 其因聲加畫之義皆同이나 而唯ㆁ為異니라.

'ㅈ'에서 'ㅊ', 'ㅇ'에서 'ㆆ', 'ㆆ'에서 'ㅎ'이 됨에 있어서, 그 소리에 획을 더한 의미는 모두 같지만 오직 'ㆁ'만은 다르다.

半舌音ㄹ, 半齒音ㅿ, 亦象舌齒之形而異其體이나 無加畫之義焉이라.

반혓소리 'ㄹ'과 반잇소리 'ㅿ' 또한 혀와 이의 형태[形]를 본떴지만 그 드러난 모양[體]이 달라, 획을 더한 의미는 없다.

夫人之有聲은 本扵五行이니라. 故合諸四時而不悖하며
叶之五音而不戾니라.

무릇 사람의 소리는 오행[12]에 뿌리를 두고 있다. 사계절에 맞춰보아도 벗어나지 않고, 오음[13]에 맞춰보아도 틀리지 않는다.

喉邃而潤이니 水也니라. 聲虛而通이니 如水之虛明而流通也니라.
扵時為冬이요 扵音為羽니라.

목구멍은 깊은 곳에 있고 젖었으니 (오행 중) '물(水)'에 해당된다. 소리는 비어 있으나 통하므로 들여다보이는 물과 같고 흘러서 통하는 것과 같다. 계절로는 '겨울'이고 소리(오음) 중에는 '우(羽)'에 속한다.

牙錯而長이니 木也니라.

어금니는 어긋나고 길어서 '나무(木)'에 해당된다.

喉而實。如木之生於水而有形也。

於時為春。於音為角。舌銳而動火

也。聲轉而颺。如火之轉展而揚揚

也。於時為夏。於音為徵齒剛而斷。

金也。聲屑而滯。如金之屑瑣而鍛

成也。於時為秋。於音為商。脣方而

合土也。聲含而廣。如土之含蓄萬

物而廣大也。於時為季夏。於音為

聲似喉而實이니 如木之生於水而有形也니라.
성사후이실　　여복지생어수이유형야

於時爲春이요 於音爲角이니라.
어시위춘　　어음위각

　어금닛소리는 목구멍소리와 비슷하되 실체가 있으므로 나무가 물에
의해 자라나서 형체가 있는 것과 같다. 계절로는 '봄'이고 소리(오음)
중에는 '각(角)'에 속한다.

舌銳而動이니 火也니라. 聲轉而颺은 如火之轉展而揚揚也니라.
설예이동　　화야　　성전이양　　어화지전전이양양야

於時爲夏요 於音爲徵니라.
어시위하　　어음위치

　혀는 날카롭고 움직이므로 '불(火)'이다. 혓소리가 구르고 날리니 불
이 이글거리며 타는 것과 같다. 계절로는 '여름'이고 소리(오음) 중에는
'치(徵)'에 속한다.

齒剛而斷이니 金也니라. 聲屑而滯하니 如金之屑瑣而鍛成也니라.
치강이단　　금야　　성설이체　　어금지설쇄이단성야

於時爲秋요 於音爲商이니라.
어시위추　　어음위상

　이는 단단하고 끊으므로 '쇠(金)'에 해당된다. 잇소리가 부스러지면서
모아지는 것은 쇳가루가 단련되어 쇠가 되는 것과 같다. 계절로는 '가
을'이고 소리(오음) 중에는 '상(商)'에 속한다.

脣方而合이니 土也니라. 聲含而廣이니 如土之含蓄萬物而廣大也니라.
순방이합　　토야　　성함이광　　여토지함축만물이광대야

於時爲季夏요 於音爲宮이니라.
어시위계하　　어음위궁

　입술은 사각형이 합해지니 '흙(土)'에 해당된다. 입술소리는 머금으면
서 넓으니 흙이 만물을 감싸고 광대한 것과 같다. 계절로는 '늦여름'이
고 소리(오음) 중에는 '궁(宮)'에 속한다.

宮。然水乃生物之源。火乃成物之用。故五行之中。水火為大。喉乃出聲之門。舌乃辨聲之管。故五音之中。喉舌為主也。喉居後而牙次之。北東之位也。舌齒又次之。南西之位也。脣居末。土無定位而寄旺四季之義也。是則初聲之中。自有陰陽五行方位之數也。又以聲音清

---

14 아음(어금닛소리), 설음(혓소리), 순음(입술소리), 치음(잇소리), 후음(목구멍소리).
15 아음(어금닛소리), 설음(혓소리), 치음(잇소리), 후음(목구멍소리)의 네 음을 뜻함.

然水乃生物之源이요 火乃成物之用이니 故五行之中에 水火為大니라.
연 수 내 생 물 지 원   화 내 성 물 지 용   고 오 행 지 중   수 화 위 대

　물은 만물이 태어나는 근원이고 불은 만물이 자라는 데 사용되므로
오행 가운데에서 물과 불이 크다 하겠다.

喉乃出聲之門이요 舌乃辨聲之管이니 故五音之中에 喉舌為主也니라.
후 내 출 성 지 문   설 내 변 성 지 관   고 오 음 지 중   후 설 위 주 야

　목구멍[水]은 소리의 문이고 혀[火]는 소리를 분별하는 기관이기 때문
에 오음[14] 가운데 목구멍소리와 혓소리가 주가 된다.

喉居後而牙次之하니 北東之位也니라. 舌齒又次之하니 南西之位也니라.
후 거 후 이 아 차 지   북 동 지 위 야   설 치 우 차 지   남 서 지 위 야

　목구멍은 뒤에, 어금니는 그 앞에 있으니 북쪽과 동쪽에 있다고 하겠
고, 혀와 이는 또한 그 앞에 있으니 남쪽과 서쪽에 있다고 하겠다.

脣居末하니 土無定位而寄旺四季之義也니라.
순 거 말   토 무 정 위 이 기 왕 사 계 지 의 야

　입술은 마지막에 있으니, 흙은 정해진 위치가 없이 사계절[15]을 돕는다
고 하겠다.

是則初聲之中에 自有陰陽五行方位之數也니라.
시 즉 초 성 지 중   자 유 음 양 오 행 방 위 지 수 야

　이런 즉, 첫소리 가운데에도 그 자체에 음양오행 방위의 수가
있다.

舌根閉喉聲氣出鼻而其聲與ㅇ　屬故亦為制字之始。唯牙之ㆁ。雖　雖在於後。而象形制字則為之始。　ㅅㅈ雖皆為全清。而ㅅ比ㅈ。聲不　不濁。ㄴㅁㅇ。其聲冣不屬。故次序　ㆅ。為全濁。ㆁㄴㅁㅇㄹㅿ。為不清　ㅋㅌㅍㅊㅎ。為次清。ㄲㄸㅃㅉㅆ　濁而言之ㄱ。ㄷ。ㅂ。ㅈ。ㅅ。ㆆ。為全清。

---

16 성대(목청)를 울려 내는 소리를 유성음(有聲音), 그렇지 않으면 무성음(無聲音)이라 한다. 발음할 때
공기가 강하게 나오는 소리를 유기음(有氣音)이라 하고, 그렇지 않으면 무기음(無氣音)이라 한다.

又以聲音淸濁而言之컨대
우 이 성 음 청 탁 이 언 지

ㄱㄷㅂㅈㅅㆆ은 爲全淸이요 ㅋㅌㅍㅊㅎ은 爲次淸이니라.
위 전 청   위 차 청

또한 성음의 맑기와 탁함에 대해 말하자면 'ㄱ, ㄷ, ㅂ, ㅈ, ㅅ, ㆆ'은 모두맑은소리(全淸, 무성무기음[16])이고 'ㅋ, ㅌ, ㅍ, ㅊ, ㅎ'은 다음맑은소리(次淸, 무성유기음)가 된다.

ㄲㄸㅃㅉㅆㆅ은 爲全濁이요 ㆁㄴㅁㅇㄹㅿ은 爲不淸不濁이니라.
위 전 탁   위 불 청 불 탁

'ㄲ, ㄸ, ㅃ, ㅉ, ㅆ, ㆅ'은 모두탁한소리(全濁, 유성유기음)이고 'ㆁ, ㄴ, ㅁ, ㅇ, ㄹ, ㅿ'은 맑지도 탁하지도 않은 소리(不淸不濁, 비음·유음·반모음 등의 공명음)이다.

ㄴㅁㅇ은 其聲冣不厲이니 故次序雖在於後나 而象形制字則爲之始니라.
기 성 최 불 려   고 차 서 수 재 어 후   이 상 형 제 자 즉 위 지 시

'ㄴ, ㅁ, ㅇ'은 그 소리가 가장 거세지 않으므로 순서는 비록 뒤에 있지만 형태를 본떠(象形) 글자를 만드는 시작(기본)으로 삼았다.

ㅅㅈ雖皆爲全淸이나 而ㅅ比ㅈ 聲不厲이니 故亦爲制字之始니라.
수 개 위 전 청   이 비 성 불 려   고 역 위 제 자 지 시

'ㅅ, ㅈ'은 비록 모두맑은소리이지만, 'ㅅ'이 'ㅈ'에 비하여 소리가 거세지 않아 글자를 만드는 시작으로 삼았다.

唯牙之ㆁ은 雖舌根閉喉聲氣出鼻나 而其聲與ㅇ相似이니
유 아 지   수 설 근 폐 후 성 기 출 비   이 기 성 여   상 사

다만, 어금닛소리 'ㆁ'은 혀뿌리가 목구멍을 막아 소리 기운이 코로 나오지만, 그 소리가 'ㅇ'과 서로 유사하여

39

相似。故韻書疑與喻多相混用。今
亦取象於喉。而不為牙音制字之
始。盖喉属水而牙属木。ㆁ雖在牙
而與ㅇ相似。猶木之萌芽生於水
而柔軟。尚多水氣也。ㄱ木之成質。
ㅋ木之盛長。ㄲ木之老壯。故至此
乃皆取象於牙也。全清並書則為
全濁。以其全清之聲凝則為全濁

17 한자음 사전. 한자(漢字)의 운(韻)을 분류하여 일정한 순서로 배열한 서적을 통틀어 이르는 말.

故韻書疑[ㆁ]與喩[ㅇ]多相混用이니라.
고 운 서 의   여 유   다 상 혼 용

　운서[17]에도 'ㆁ'과 'ㅇ'을 서로 혼용하는 경우가 많았다.

今亦取象扵喉나 而不為牙音制字之始니라. 盖喉属水而牙属木이니
금 역 취 상 어 후   이 불 위 아 음 제 자 지 시   개 후 속 수 이 아 속 목

ㆁ雖在牙而與ㅇ相似하여 猶木之萌芽生扵水而柔軟이며 尙多水氣也니라.
수 재 아 이 여   상 사   유 목 지 맹 아 생 어 수 이 유 연   상 다 수 기 아

　(따라서) 지금 (ㆁ자를) 목구멍에서 본떠 만들었으나, 어금닛소리의
글자를 만드는 시작으로 하지 않는다. (이는) 대개 목구멍소리는 (오행
중) 물이고 어금닛소리는 나무에 속하므로 'ㆁ'이 비록 어금닛소리이
지만 'ㅇ'과 비슷하여 마치 나무의 싹이 물에서 나와 부드럽고 물의 기
운이 많음과 같다.

ㄱ은 木之成質이고 ㅋ은 木之盛長이요
목 지 성 질   목 지 성 장

ㄲ은 木之老壯이니 故至此乃皆取象扵牙也니라.
목 지 로 장   고 지 차 내 개 취 상 어 아 야

　'ㄱ'은 나무가 바탕을 이룬 것이고 'ㅋ'은 나무가 성장한 것이며 'ㄲ'
은 나무가 늙어 굳건해진 것이다. 그러므로 이는 모두 어금니에서 그
모양을 본뜬 것이다.

全清並書則為全濁은 以其全清之聲凝則為全濁也니라.
전 청 병 서 즉 위 전 탁   이 기 전 청 지 성 응 즉 위 전 탁 아

　모두맑은소리(전청)를 나란히 쓰면 모두탁한소리(전탁)가 되는 것은
전청의 소리가 엉기면 (그 결과 느려지면) 전탁이 되기 때문이다.

也。唯喉音次清為全濁者。盖以ㆆ
聲深不為之凝。ㆆ比ㅇ聲淺。故凝
而為全濁也。○連書脣音之下。則
為脣輕音者。以輕音脣乍合而喉
聲多也。中聲凡十一字。‧舌縮而
聲深。天開扵子也。形之圓。象乎天
也。一舌小縮而聲不深不淺。地闢
扵丑也。形之平。象乎地也。ㅣ舌不

18 12時의 첫째 시. 밤 11시부터 다음 날 오전 1시 사이 시간. 가장 처음 만든 소리표기라는 의미이다.
19 오전 1시부터 3시 사이 시간.

唯喉音次淸爲全濁者는 盖以ㆆ聲深不爲之凝이요
유 후 음 차 청 위 전 탁 자　　개 이　　성 심 불 위 지 응

ㅎ比ㆆ聲淺이니 故凝而爲全濁也니라.
비　성 천　　고 응 이 위 전 탁 아

　　오직 목구멍소리의 경우에만 다음맑은소리(차청)가 모두탁한소리(전
탁)가 되는데, 그것은 대개 'ㆆ'은 소리가 깊어 엉기지 않고 'ㅎ'은 'ㆆ'
보다 소리가 얕아 엉기어 전탁이 되기 때문이다.

ㅇ連書脣音之下하면 則爲脣輕音者는 以輕音脣乍合而喉聲多也니라.
련 서 순 음 지 하　　즉 위 순 경 음 자　　이 경 음 순 사 합 이 후 성 다 아

　　'ㅇ'을 입술소리 아래에 이어 쓰면 곧 입술가벼운소리(순경음)가 되는
것은 가벼운 소리는 입술이 잠깐 합쳐지면서 목구멍소리가 많아지기
때문이다.

中聲凡十一字니라. ·舌縮而聲深하여 天開扵子也니라.
중 성 범 십 일 자　　설 축 이 성 심　　천 개 어 자 아

形之圓은 象乎天也니라.
형 지 원　　상 호 천 야

　　가운뎃소리는 모두 열한 자이다. '·'(아래아)는 혀를 오므려서 소리
가 깊으니 하늘이 자시(子時)[18]에 열리는 것과 같다(첫 번째로 만들어졌
다). 둥근 모양은 하늘을 본뜬 것이다.

ㅡ舌小縮而聲不深不淺이니 地闢扵丑也니라. 形之平은 象乎地也니라.
설 소 축 이 성 불 심 불 천　　지 벽 어 축 아　　형 지 평　　상 호 지 아

　　'ㅡ'는 혀를 조금 오므려서 소리가 깊지도 얕지도 않으니 땅이 축시
(丑時)[19]에 열리는 것과 같다(두 번째로 만들어졌다). 평평한 모양은 땅을
본떴다.

縮而聲淺。人生於寅也。形之立象
乎人也。此下八聲。一闔一闢。・與
・同而口蹙。其形則・與一合而
成取天地初交之義也。卜與・同
而口張。其形則ㅣ與・合而成。取
天地之用發於事物待人而成也。
ㅓ與一同而口蹙。其形則一與・
合而成。亦取天地初交之義也。ㅓ

20 오전 3시부터 5시 사이 시간.
21 합(闔)은 원순모음(ㅗ, ㅜ, ㅛ, ㅠ)을 뜻한다.
22 벽(闢)은 비원순모음(ㅏ, ㅓ, ㅑ, ㅕ)을 뜻한다.

ㅣ舌不縮而聲淺하니 人生扵寅也니라. 形之立은 象乎人也니라.
　설불축이성천　　　인생어인야　　형지립　상호인야

　'ㅣ'는 혀를 오므리지 않아 소리가 얕으니 사람이 인시(寅時)[20]에 생긴
것과 같다(세 번째로 만들어졌다). 일어선 모양(ㅣ)은 사람을 본뜬 것
이다.

此下八聲은 一闔一闢이니라.
차하팔성　　일합일벽

　아래의 여덟 소리는 하나가 닫힌(闔, 입술을 둥글게 오므린) 소리(圓脣母
音)[21]이면 하나는 열린(闢, 입을 펼쳐 벌린) 소리(非圓脣母音)[22]이다.

ㅗ與·同而口蹙이며 其形則·與一合而成은 取天地初交之義也니라.
　여　동이구축　　기형즉　여　합이성　취천지초교지의야

　'ㅗ'는 '·'와 같되 입을 오므리는데(闔), 그 모양은 '·'와 'ㅡ'가 합한
것으로 하늘과 땅이 처음 만난다는 의미를 지녔다.

ㅏ與·同而口張이며 其形則ㅣ與·合而成이니
　여　동이구장　　기형즉　여　합이성
取天地之用裌扵事物待人而成也니라.
취천지지용발어사물대인이성야

　'ㅏ'는 '·'와 같되 입을 벌리는데(闢), 그 모양은 'ㅣ'와 '·'가 합한 것
으로 하늘과 땅의 작용으로 모든 사물이 나오지만 사람을 기다려 이룬
다는 의미를 지녔다.

ㅜ與ㅡ同而口蹙이며 其形則ㅡ與·合而成이니 亦取天地初交之義也니라.
　여　동이구축　　기형즉　여　합이성　　역취천지초교지의야

　'ㅜ'는 'ㅡ'와 같되 입을 오므리는데, 그 모양은 'ㅡ'와 '·'가 합한 것
으로 역시 하늘과 땅이 처음 만난다는 의미를 지녔다.

17

ㅓ與ㅡ同而口張。其形則·與ㅣ合而成。亦取天地之用發於事物待人而成也。ㅛ與ㅗ同而起於ㅣ。ㅑ與ㅏ同而起於ㅣ。ㅠ與ㅜ同而起於ㅣ。ㅕ與ㅓ同而起於ㅣ。ㅗㅏㅜㅓ始於天地。為初出也。ㅛㅑㅠㅕ起於ㅣ而兼乎人。為再出也。ㅗㅏㅜㅓ之一其圓者。取其初生之義

ㅓ與ㅡ同而口張이며 其形則ㆍ與ㅣ合而成이니
여 동이구장 기형즉 여 합이성

亦取天地之用發扵事物待人而成也니라.
역 취 천 지 지 용 발 어 사 물 대 인 이 성 야

　‘ㅓ'는 ‘ㅡ'와 같되 입을 벌리는데, 그 모양은 ‘ㆍ'와 ‘ㅣ'가 합한 것으
로 역시 하늘과 땅의 작용으로 모든 사물이 나오지만 사람을 기다려 이
룬다는 의미를 지녔다.

ㅛ與ㅗ同而起扵ㅣ요 ㅑ與ㅏ同而起扵ㅣ니라.
여 동이기어 여 동이기어

ㅠ與ㅜ同而起扵ㅣ요 ㅕ與ㅓ同而起扵ㅣ니라.
여 동이기어 여 동이기어

　‘ㅛ'는 ‘ㅗ'와 같되 ‘ㅣ'에서 시작되고 ‘ㅑ'는 ‘ㅏ'와 같되 ‘ㅣ'에서 시작
된다. ‘ㅠ'는 ‘ㅜ'와 같되 ‘ㅣ'에서 시작되고 ‘ㅕ'는 ㅓ'와 같되 ‘ㅣ'에서
시작된다.

ㅗㅏㅜㅓ始扵天地이니 為初出也니라.
시 어 천 지 위 초 출 야

ㅛㅑㅠㅕ起扵ㅣ而兼乎人이니 為再出也니라.
기 어 이 겸 호 인 위 재 출 야

ㅗㅏㅜㅓ之一其圓者는 取其初生之義也니라.
지 일 기 원 자 취 기 초 생 지 의 야

　‘ㅗ, ㅏ, ㅜ, ㅓ'는 하늘과 땅에서 시작하였으니 처음 나온 것(1點)이고,
‘ㅛ, ㅑ, ㅠ, ㅕ'는 ‘ㅣ'에서 이어져 사람을 겸했으니 거듭 나온 것(2點)이
다. ‘ㅗ, ㅏ, ㅜ, ㅓ'가 원점(ㆍ)이 하나인 것은 처음에 생겼다는 의미를 지
녔다.

18

也。⋮ ⊦ ⁝ ⋮ 之二其圓者。取其再
生之義也。⁖ ⊦ ⁝ ⊦ 之圓居上與
外者。以其出於天而為陽也。⁖ ⊦
⁝ ⁝ 之圓居下與內者。以其出於
地而為陰也。· 之貫於八聲者。猶
陽之統陰而周流萬物也。⁝ ⊦ ⁝
⁝ 之皆兼乎人者。以人為萬物之
靈而能參兩儀也。取象於天地人

ㅗㅑㅠㅕ之二其圓者는 取其再生之義也니라.
지 이 기 원 자   취 기 재 생 지 의 야

'ㅗ, ㅑ, ㅠ, ㅕ'가 원점이 두 개(⣀)인 것은 두 번째로 생겼다는 의미를
지녔다.

ㅗㅏㅛㅑ之圓居上與外者는 以其出扵天而爲陽也니라.
지 원 거 상 여 외 자   이 기 출 어 천 이 위 양 아
ㅜㅓㅠㅕ之圓居下與內者는 以其出扵地而爲陰也니라.
지 원 거 하 여 내 자   이 기 출 어 지 이 위 음 야

'ㅗ, ㅏ, ㅛ, ㅑ'의 원점이 위와 바깥(오른쪽)에 있는 것은 하늘에서 나
와서 양(陽: 양성모음)이 되기 때문이고, 'ㅜ, ㅓ, ㅠ, ㅕ'의 원점이 아래와
안(왼쪽)에 있는 것은 땅에서 나와서 음(陰: 음성모음)이 되기 때문이다.

·之貫扵八聲者는 猶陽之統陰而周流萬物也니라.
지 관 어 팔 성 자   유 양 지 통 음 이 주 류 만 물 아

'·'가 여덟 소리에 두루 있는 것은 양이 음을 통해 만물에 두루 미침
과 같다.

ㅗㅑㅠㅕ之皆兼乎人者는 以人爲萬物之靈而能參兩儀也니라.
지 개 겸 호 인 자   이 인 위 만 물 지 령 이 능 참 량 의 야

'ㅗ, ㅑ, ㅠ, ㅕ'가 모두 사람(ㅣ)을 포함한 것은 사람이 만물 중 가장 신
령하여 양의(兩儀: 하늘과 땅, 음과 양)에 참여할 수 있기 때문이다.

取象扵天地人이니
취 상 어 천 지 인

하늘과 땅과 사람(天地人)에서 모양을 취했으니,

而三才之道備矣。然三才為萬物之先。而天又為三才之始。猶・｜三字為八聲之首。而・又為三字之冠也。・初生於天。天一生水之位也。ㅏ次之。天三生木之位也。・初生於地。地二生火之位也。ㅓ次之。地四生金之位也。ㅛ再生於天。天七成火之數也。ㅑ次之。天九

---

23 三才(삼재): 우주와 인간 세계의 기본 구성요소 천(天)·지(地)·인(人)을 일컫는 말[『한국민족문화대백과사전』(한국정신문화연구원, 1996)].
24 훈민정음의 자리(位): 홀수에는 양성모음과 하늘, 짝수에는 음성모음과 땅을 배합하였다.

而三才之道備矣니라. 然三才為萬物之先이요 而天又為三才之始하니
이 삼 재 지 도 비 의   연 삼 재 위 만 물 지 선   이 천 우 위 삼 재 지 시

猶·ㅡㅣ三字為八聲之首하고 而·又為三字之冠也니라.
유   삼 자 위 팔 성 지 수   이   우 위 삼 자 지 관 아

　삼재(三才)[23]의 이치를 갖춘 것이다. 그러므로 삼재가 만물의 우선이
며 하늘이 삼재의 시작이니 '·, ㅡ, ㅣ' 세 글자가 여덟 소리의 머리이고
또한 '·'가 세 글자(·, ㅡ, ㅣ) 중 으뜸이다.

ㅗ初生扵天하니 天一生水之位也니라.
조 생 어 천   천 일 생 수 지 위 아

ㅏ次之하니 天三生木之位也니라.
차 지   천 삼 생 목 지 위 아

ㅜ初生扵地하니 地二生火之位也니라.
조 생 어 지   지 이 생 화 지 위 아

ㅓ次之하니 地四生金之位也니라.
차 지   지 사 생 금 지 위 아

　'ㅗ'는 하늘에서 먼저 생겼으니 하늘의 수(天數)로는 1이고 물을 낳는
자리이다.[24] 'ㅏ'는 그 다음으로 생겼는데 하늘의 수로는 3이고 나무를
낳는 자리이다. 'ㅜ'는 땅에서 처음 생겼는데 땅의 수(地數)로는 2이고
불을 낳는 자리이다. 'ㅓ'는 그 다음으로 생긴 것이니 땅의 수로는 4이
고 쇠를 낳는 자리이다.

ㅛ再生扵天하니 天七成火之數也니라.
재 생 어 천   천 칠 성 화 지 수 아

ㅑ次之하니 天九成金之數也니라.
차 지   천 구 성 금 지 수 아

　'ㅛ'는 하늘에서 두 번째로 생겼으니 하늘의 수로는 7이고 불을 이루
는 숫자다. 'ㅑ'는 그 다음으로 생겼으니 하늘의 수로는 9이고 쇠를 이
루는 숫자다.

20

成金之數也。‥再生於地。地六成

水之數也。‖次之。地八成木之數

也。水火未離乎氣。陰陽交合之初。

故闔木金陰陽之定質。故闢 ·天

五生土之位也。一地十成土之數

也。―獨無位數者。盖以人則無極

之眞。二五之精。妙合而凝。固未可

以定位成數論也。是則中聲之中。

---

25 천지 만물(天地萬物)이 생성되기 전에 혼돈 상태로 만물의 근원이 된 기운을 태극(太極)이라고
하며, 아무것도 없는 상태라는 의미에서 무극(無極)이라고도 부른다[한국고전용어사전 편찬위원회,
『한국고전용어사전』(세종대왕기념사업회, 2001)].

ㅠ再生於地하니 地六成水之數也니라. ㅕ次之하니 地八成木之數也니라.
재 생 어 지　　　지 륙 성 수 지 수 야　　　　차 지　　　지 팔 성 목 지 수 야

　'ㅠ'는 땅에서 두 번째로 생겼으니 땅의 수로는 6이고 물을 이루는 숫
자다. 'ㅕ'는 그 다음으로 생겼으니 땅의 수로는 8이고 나무를 이루는
숫자다.

水火未離乎氣하여 陰陽交合之初하니 故闔이니라.
수 화 미 리 호 기　　　음 양 교 합 지 초　　　고 합

木金陰陽之定質이니 故闢이니라.
목 금 음 양 지 정 질　　　고 벽

　물(ㅗ, ㅠ)과 불(ㅜ, ㅛ)은 아직 기(氣)에서 벗어나지 못하여 음과 양이
서로 교합하는 시초로 오므리게 되고(원순모음이 되고), 나무(ㅏ, ㅕ)와
쇠(ㅓ, ㅑ)는 음양이 바탕을 고정하였으니 열리게 된다(비원순모음 즉, 평
순모음이 된다).

·天五生土之位也니라. ㅡ地十成土之數也니라.
천 오 생 토 지 위 야　　　지 십 성 토 지 수 야

　'·'는 하늘의 수로는 5이고 흙을 낳는 자리이다. 'ㅡ'는 땅의 수로는
10이고 흙을 이루는 숫자다.

ㅣ獨無位數者는 盖以人則無極之眞이고 二五之精이요
독 무 위 수 자　 개 이 인 즉 무 극 지 진　　 이 오 지 정

妙合而凝이니 固未可以定位成數論也니라. 是則中聲之中에
묘 합 이 응　　 고 미 가 이 정 위 성 수 론 야　　 시 즉 중 성 지 중

　'ㅣ'에만 해당되는 자릿수가 없는 것은 대개 사람은 무극(無極)[25]의 핵
심으로 음양오행의 정기(二五之精)가 신묘하게 섞이어 본디 정해진 자
리나 이루는 숫자를 논할 수 없기 때문이다. 이는 곧 가운뎃소리 중에도

21

亦自有陰陽五行方位之數也。以

初聲對中聲而言之。陰陽。天道也。

剛柔。地道也。中聲者。一深一淺一

闔一闢。是則陰陽分而五行之氣

具焉。天之用也。初聲者。或虛或實

或颺或滯或重若輕。是則剛柔著

而五行之質成焉。地之功也。中聲

以深淺闔闢唱之於前。初聲以五

26 강유: 강함과 부드러움.

54

亦自有陰陽五行方位之數也니라.
역 자 유 음 양 오 행 방 위 지 수 야

　또한 음양, 오행, 방위의 자릿수가 있음이다.

以初聲對中聲而言之하면 陰陽은 天道也요 剛柔는 地道也니라.
이 초 성 대 중 성 이 언 지　　음 양　천 도 야　강 유　　지 도 야

　첫소리 대 가운뎃소리로써 말하자면 음양은 하늘의 이치이고 강유(剛
柔)[26]는 땅의 이치다.

中聲者는 一深一淺一闔一闢하고
중 성 자　일 심 일 천 일 합 일 벽
是則陰陽分而五行之氣具焉이니 天之用也니라.
시 즉 음 양 분 이 오 행 지 기 구 언　　천 지 용 야

　가운뎃소리는 하나가 깊으면 다른 하나는 얕고 하나가 오므리면 다
른 하나는 펼친다. 이는 곧 음양으로 나뉘어 오행의 기운이 갖추어지는
것이니 하늘의 작용이다.

初聲者는 或虛或實或颺或滯或重若輕하고
초 성 자 . 혹 허 혹 실 혹 양 혹 체 혹 중 약 경
是則剛柔著而五行之質成焉이니 地之功也니라.
시 즉 강 유 저 이 오 행 지 질 성 언　　지 지 공 야

　첫소리는 어떤 것은 비고(虛, 후음) 어떤 것은 차고(實, 아음) 어떤 것은
날리고(颺, 설음) 어떤 것은 엉기고(滯, 치음) 어떤 것은 무겁고(重, 순중
음) 어떤 것은 가볍다(輕, 순경음). 이는 곧 강하고 부드러움이 드러나 오
행이 바르게 이루어진 것(質成)이니 땅이 작용한 것이다.

中聲以深淺闔闢唱之扵前하고
중 성 이 심 천 합 벽 창 지 어 전

　가운뎃소리가 깊게, 얕게, 오므리고, 펼치면서 앞에서 소리를 내면

22

音清濁和之於後。而為初亦為終。

亦可見萬物初生於地。復歸於地

也。以初中終合成之字言之。亦有

動靜互根陰陽交變之義焉。動者。

天也。靜者。地也。兼乎動靜者。人也。

盖五行在天則神之運也。在地則

質之成也。在人則仁禮信義智神

之運也。肝心脾肺腎質之成也。初

初聲以五音淸濁和之扵後이니 而爲初亦爲終이니라.
초 성 이 오 음 청 탁 화 지 어 후   이 위 초 역 위 종

　　첫소리는 오음(아음, 설음, 순음, 치음, 후음)의 맑은소리나 탁한소리
로 뒤에서 화답하니 첫소리는 다시 끝소리가 되기도 하는 것이다.

亦可見萬物初生扵地하여 復歸扵地也니라.
역 가 견 만 물 초 생 어 지   복 귀 어 지 야

　　이는 또한 만물이 땅에서 나와 다시 땅으로 돌아가는 이치와 같다.

以初中終合成之字言之니 亦有動靜互根陰陽交變之義焉이니라.
이 초 중 종 합 성 지 자 언 지   역 유 동 정 호 근 음 양 교 변 지 의 언

　　첫소리와 가운뎃소리와 끝소리가 어울려 글자를 이루는데 이것에 대
해 말하자면 또한 움직임과 멈춤이 서로 뿌리가 되어 음과 양이 서로
바뀐다는 의미다.

動者는 天也고 靜者는 地也요 兼乎動靜者는 人也니라.
동 자   천 야   정 자   지 야   겸 호 동 정 자   인 야
盖五行在天則神之運也요 在地則質之成也니라.
개 오 행 재 천 즉 신 지 운 야   재 지 즉 질 지 성 야

　　움직이는 것은 하늘(초성, 첫소리)이고 멈춰 있는 것은 땅(종성, 끝소
리)이며 움직임과 멈춤을 겸한 것은 사람(중성, 가운뎃소리)이다. 대개
오행은 하늘에 있은 즉 신께서 움직이는 것이고 땅에 있은 즉 바탕이
이루어지는 것이다.

在人則仁禮信義智神之運也요 肝心脾肺腎質之成也니라.
재 인 즉 인 례 신 의 지 신 지 운 야   간 심 비 폐 신 질 지 성 야

　　사람의 경우라면 '어짊, 예의, 믿음, 의로움, 지혜'가 (하늘이니) 신의 운
행이고 '간장, 심장, 비장, 폐장, 신장'은 (땅이니) 바탕을 이루는 것이다.

聲有緩動之義。天之事也。終聲有
止定之義。地之事也。中聲承初之
生。接終之成。人之事也。盖字韻之
要。在於中聲。初終合而成音亦猶
天地生成萬物。而其財成輔相則
必賴乎人也。終聲之復用初聲者。
以其動而陽者乾也。靜而陰者亦
乾也。乾實分陰陽而無不君宰也。

27 『주역』에 나오는 8괘 중 '하늘'의 괘[조기형·이상억, 『한자성어·고사명언구사전』(이담북스, 2011)].

初聲有發動之義하니 天之事也니라.
초 성 유 발 동 지 의   천 지 사 야

終聲有止定之義하니 地之事也니라.
종 성 유 지 정 지 의   지 지 사 야

中聲承初之生하고 接終之成하니 人之事也니라.
중 성 승 초 지 생   접 종 지 성   인 지 사 야

盖字韻之要는 在扵中聲이요 初終合而成音이니라.
개 자 운 지 요   재 어 중 성   초 종 합 이 성 음

　　첫소리는 일어나 움직임(發動)의 뜻이 있으니 하늘의 일이다. 끝소리
는 그치고 머무름(止定)의 뜻이 있으니 땅이 하는 일이다. 가운뎃소리
는 첫소리를 생기게 하고 이어서, 끝소리를 이루어지게 하여 서로 붙게
하니 사람이 하는 일이다. 대개 글자 소리의 핵심은 가운뎃소리에 있으
니 첫소리와 끝소리를 어울러 음절을 이룬다.

亦猶天地生成萬物이나 而其財成輔相則必賴乎人也니라.
역 유 천 지 생 성 만 물   이 기 재 성 보 상 즉 필 뢰 호 인 야

　　이는 또한 하늘과 땅이 만물을 생성하지만, 그것이 쓸모 있도록 돕는
것(財成輔相)은 반드시 사람에게 힘입음과 같다.

終聲之復用初聲者는 以其動而陽者乾也요
종 성 지 부 용 초 성 자   이 기 동 이 양 자 건 야

靜而陰者亦乾也니 乾實分陰陽而無不君宰也니라.
정 이 음 자 역 건 야   건 실 분 음 양 이 무 불 군 재 야

　　끝소리에 첫소리를 다시 쓰는 것은 그것이 움직여 양이 된 것도 하늘
(乾)[27]이고 멈추어 음이 된 것도 하늘이니, 하늘은 실로 음양으로 나뉘어
주재하여 다스리지 않음이 없기 때문이다.

24

一元之氣。周流不窮。四時之運。循環無端。故貞而復元。冬而復春。初聲之復為終。終聲之復為初。亦此義也。吁。正音作而天地萬物之理咸備。其神矣哉。是殆天啓聖心而假手焉者乎。訣曰

天地之化本一氣

陰陽五行相始終

28 만물이 나뉘지 않은 그 시초의 기운, 또는 하나의 으뜸되는 기운.

29 원형이정(元亨利貞). 『주역(周易)』의 〈건괘(乾卦)〉에서 유래된 말로 하늘이 갖추고 있는 4가지 덕 또는 사물의 근본 원리를 말한다. 원형이정은 보통 만물이 처음 생겨나서 자라고 삶을 이루고 완성되는, 사물의 근본 원리를 말한다. 여기서 원은 만물이 시작되는 봄(春)에, 형은 만물이 성장하는 여름(夏)에, 이는 만물이 이루어지는 가을(秋)에, 정은 만물이 완성되는 겨울(冬)에 해당된다. 원형이정은 각각 인(仁)·의(義)·예(禮)·지(智)를 뜻하기도 한다(두산백과 http://www.doopedia.co.kr).

一元之氣는 周流不窮하고 四時之運은 循環無端이니
일원지기　주류불궁　　사시지운　　순환무단

故貞而復元하고 冬而復春하니라.
고정이부원　　　동이부춘

初聲之復爲終하고 終聲之復爲初하니 亦此義也니라.
초성지부위종　　　종성지부위초　　　역차의야

　　하나의 기운(一元之氣)[28]이 두루 흘러 다함이 없고 사계절의 운행이 순
환하면서 끝이 없으니, 만물의 거둠(貞)에서 다시 만물의 시초(元)가 되
고[29] 겨울이 다시 봄이 되는 것이다. 첫소리가 다시 끝소리가 되고 끝소
리가 다시 첫소리가 되는 것도 역시 이와 같은 뜻이다.

吁라. 正音作而天地萬物之理咸備하니 其神矣哉로구나.
우　　정음작이천지만물지리함비　　　기신의재

是殆天啓聖心而假手焉者乎니라. 訣曰
시태천계성심이가수언자호　　　　　결왈

　　아, 바른소리가 만들어져 하늘과 땅과 모든 사물의 이치가 모두 갖추
어지니 신비롭구나. 이는 분명 하늘이 성군(세종대왕)의 마음을 여시고
그 손(솜씨)을 빌려주신 것이 아니겠는가. 간추려 말하자면,

天地之化本一氣이니 陰陽五行相始終이라.
천지지화본일기　　　음양오행상시종

　　하늘과 땅의 조화로움은 본래 하나의 기운이니 음양오행이 서로 시작
과 끝이 되네.

25

物於兩間有形聲

元本無二理數通

正音制字尚其象

因聲之厲每加畫

音出牙舌脣齒喉

是爲初聲字十七

牙取舌根閉喉形

唯業似欲取義別

30 'ㆁ'은 어금닛소리(ㄱ, ㅋ, ㄲ, ㆁ)의 일부이고 'ㅇ'은 목구멍소리에 속한다.

物扵兩間有形聲이니 元本無二理數通이라.
물 어 양 간 유 형 성　　 원 본 무 이 리 수 통

　둘(하늘과 땅) 사이 만물에는 형태와 소리가 있되 근본은 둘이 아니니
이치와 숫자로 통하네.

正音制字尙其象하되 因聲之厲每加畫이라.
정 음 제 자 상 기 상　　 인 성 지 려 매 가 획

　바른소리를 만들면서 그 모양을 본뜨되 소리의 세기에 따라 획을 더
했네.

音出牙舌脣齒喉하니 是爲初聲字十七이라.
음 출 아 설 순 치 후　　 시 위 초 성 자 십 칠

　소리는 '어금니, 혀, 입술, 이, 목구멍'에서 나오니 여기에서 첫소리 열
일곱 글자가 나왔네.

牙取舌根閉喉形이나 唯業[ㆁ]似欲[ㅇ]取義別이라.
아 취 설 근 폐 후 형　　 유 업　　 사 욕　　 취 의 별

　어금닛소리(ㄱ, ㅋ, ㄲ, ㆁ)는 혀뿌리가 목구멍을 막는 형태를 취하였는
데, 다만 'ㆁ'은 'ㅇ'과 비슷하지만 그 취한 뜻이 다르네[30].

26

舌迺象舌附上腭

脣則實是取口形

齒喉直取齒喉象

知斯五義聲自明

又有半舌半齒音

取象同而體則異

那彌戌欲聲不屬

次序雖後象形始

31 '아, 설, 순, 치, 후'를 본뜬 것에 대한 의미.

舌迺象舌附上腭이요 脣則實是取口形이라.
설 내 상 설 부 상 악　　순 즉 실 시 취 구 형

　혓소리(ㄷ, ㅌ, ㄸ, ㄴ)는 혀가 윗잇몸에 닿는 모양을 본뜨고 입술소리 (ㅂ, ㅍ, ㅃ, ㅁ)는 실제 입의 형태를 취하였네.

齒喉直取齒喉象하니 知斯五義聲自明이라.
치 후 직 취 치 후 상　　지 사 오 의 성 자 명

　잇소리(ㅈ, ㅊ, ㅉ, ㅅ, ㅆ)와 목구멍소리(ㆆ, ㅎ, ㆅ, ㅇ)도 바로 이와 목구멍 모양을 본뜬 것이니, 이러한 다섯 가지의 의미ᐟ를 알면 소리가 저절로 분명해진다.

又有半舌半齒音이나 取象同而體則異라.
우 유 반 설 반 치 음　　취 상 동 이 체 즉 이

　또한 반혓소리(ㄹ)와 반잇소리(ㅿ)가 있는데, 같은 형상을 본떴지만 [象同] 드러난 모양[體]이 다르네.

那[ㄴ]彌[ㅁ]戌[ㅅ]欲[ㅇ]聲不厲하니 次序雖後象形始라.
나　 미　 술　 욕　 성 불 려　　차 서 수 후 상 형 시

　'ㄴ, ㅁ, ㅅ, ㅇ'은 소리는 세지 않아서 차례의 순서(次序)로는 나중이지만 모양을 본뜸으로는 처음이 되네.

65

27

配諸四時與沖氣

五行五音無不協

維喉為水冬與羽

牙迺春木其音角

徵音夏火是舌聲

齒則商秋又是金

脣扵位數本無定

土而季夏為宮音

---

32 "만물부음이포양, 충기이위화(萬物負陰而抱陽, 沖氣以爲和)"(노자, 도덕경 42장)에서 나온 말로 충기(沖氣)란 하늘과 땅 사이를 조화롭게 채운 기운을 뜻함.

配諸四時與沖氣하니 五行五音無不協이라.
배 제 사 시 여 충 기　　오 행 오 음 무 불 협

(바른소리가) 사계절과 충기(沖氣)[32]와 짝을 이루니 오행(金, 水, 木, 火, 土)과 오음(宮, 商, 角, 徵, 羽)에 어울리지 않는 것이 없네.

維喉為水冬與羽요 牙迺春木其音角이라.
유 후 위 수 동 여 우　　아 내 춘 목 기 음 각

목구멍소리는 (오행 중) 물이고 (사계절 중) 겨울이며 (오음 중) 우(羽)가 되네. 어금닛소리는 나무이고 봄이며 각(角)이 되네.

徵音夏火是舌聲이요 齒則商秋又是金이라.
치 음 하 화 시 설 성　　치 즉 상 추 우 시 금

혓소리(舌聲)는 여름이고 불이며 (오음 중) 치(徵)가 되네. 잇소리는 가을이고 쇠이며 (오음 중) 상(商)이 되네.

脣扵位數本無定이니 土而季夏為宮音이라.
순 어 위 수 본 무 정　　토 이 계 하 위 궁 음

입술소리는 본디 위치와 수의 정함이 없으니 흙이고 늦여름이며 (오음 중) 궁(宮)이 되네.

28

聲音又自有清濁

要於初䥽細推尋

全清聲是君斗彆

即戌把亦全清聲

若迺快吞漂侵虛

五音各一為次清

全濁之聲虯覃步

又有慈邪亦有洪

聲音又自有淸濁이니 要扵初發細推尋이라.
성음우자유청탁　요어초발세추심

　　말소리(聲音)에는 또한 본디 맑은소리와 탁한소리가 있으니, 첫소리 내기부터 자세히 살펴보는 것이 중요하네.

全淸聲是君[ㄱ]斗[ㄷ]彆[ㅂ]이요 即[ㅈ]戌[ㅅ]挹[ㆆ]亦全淸聲이라.
전청성시군　두　별　　즉　술　읍　역전청성

　　모두맑은소리는 'ㄱ, ㄷ, ㅂ'이고 'ㅈ, ㅅ, ㆆ' 또한 모두맑은소리라네.

若酒快[ㅋ]吞[ㅌ]漂[ㅍ]侵[ㅊ]虛[ㅎ]는 五音各一為次淸이라.
약내쾌　탄　표　침　허　　오음각일위차청

　　'ㅋ, ㅌ, ㅍ, ㅊ, ㅎ'으로 말하자면 오음(ㄱ, ㄷ, ㅂ, ㅅ, ㅇ)에서 각각 다음맑은소리가 된 것이네.

全濁之聲虯[ㄲ]覃[ㄸ]步[ㅃ]요 又有慈[ㅉ]邪[ㅆ]亦有洪[ㆅ]이라.
전탁지성규　담　보　　우유자　시　역유홍

　　모두탁한소리는 'ㄲ, ㄸ, ㅃ'이고 또한 'ㅉ, ㅆ, ㆅ'도 있네.

29

全清並書為全濁

唯洪自虛是不同

業那彌欲及閭穰

其聲不清又不濁

欲之連書為脣輕

喉聲多而脣乍合

中聲十一亦取象

精義未可容易觀

33 ㆆ은 소리가 깊어 섞이지 않지만 ㅎ은 ㆆ에 비해 얕은 소리이므로 섞이어 모두탁한소리가 된다.

全淸並書爲全濁이나 唯洪[ㆅ]自虛[ㅎ]是不同이라.
전 청 병 서 위 전 탁　　유 홍　　자 허　　시 부 동

　　모두맑은소리를 나란히 같이 쓰면 모두탁한소리가 되는데, 다만 'ㆅ'
만은 (모두맑은소리 'ㅎ'이 아니라) 다음맑은소리 'ㅎ'에서 온 것이니 다
르다 하겠네.[33]

業[ㆁ]那[ㄴ]彌[ㅁ]欲[ㅇ]及閭[ㄹ]穰[ㅿ]은 其聲不淸又不濁이라.
업　나　미　욕　급 려　양　　기 성 불 청 우 불 탁

　　'ㆁ, ㄴ, ㅁ, ㅇ'과 'ㄹ, ㅿ'은 그 소리가 맑지도 탁하지도 않네.

欲[ㅇ]之連書爲脣輕이니 喉聲多而脣乍合이라.
욕　　지 연 서 위 순 경　　후 성 다 이 순 사 합

　　'ㅇ'을 이어 쓰면 (ㅱㅸㅹㆄ) 입술가벼운소리가 되는데, 목구멍소리가
많아지면서 입술을 잠깐 오므리네.

中聲十一亦取象이나 精義未可容易觀이라.
중 성 십 일 역 취 상　　정 의 미 가 용 이 관

　　가운뎃소리 열한 글자 또한 모양을 본떴으나 자세한 뜻은 가히 쉽게
보지 못하네.

71

30

吞擬扵天聲最深

所以圓形如彈丸

即聲不深又不淺

其形之平象乎地

侵象人立厥聲淺

三才之道斯為備

洪出扵天尚為閻

象取天圓合地平

呑[·]擬扵天聲最深이니 所以圓形如彈丸이라.
탄   의어천성최심   소이원형여탄환

  '·'는 하늘을 본떠 소리가 가장 깊으니 둥근 모양이 탄알과 같네.

即[一]聲不深又不淺이니 其形之平象乎地라.
즉   성불심우불천   기형지평상호지

  '一'는 깊지도 얕지도 않으니 그 평평한 모양은 땅을 본떴네.

侵[ㅣ]象人立厥聲淺이니 三才之道斯為備라.
침   상인립궐성천   삼재지도사위비

  'ㅣ'는 사람이 서 있는 모양으로 소리가 얕으니 천지인(天地人) 삼재의
도가 이와 같이 갖추었네.

洪[ㅗ]出扵天[·]尙為闔이니 象取天圓合地平이라.
홍   출어천   상위합   상취천원합지평

  'ㅗ'는 하늘(·)로부터 나와서 입을 오므리니 둥근 하늘과 평평한 땅
을 합하여 그 형태를 만들었네.

31

覃亦出天為已闕

狄於事物就人成

用初生義一其圓

出天為陽在上外

欲穰兼人為再出

二圓為形見其義

君業戍弊出於地

據例自知何須評

覃[ㅏ]亦出天[·]為已闢이니 粦扵事物就人成이라.
담　역출천　위이벽　　발어사물취인성

　'ㅏ' 또한 하늘(·)로부터 나왔으되 입이 열려 있으니 사물에 드러나
사람이 이룸이네.

用初生義一其圓이요 出天為陽在上外라.
용 초 생 의 일 기 원　　출 천 위 양 재 상 외

　처음 생겨나다는 의미로써 둥근 점이 하나(·)이며 하늘에서 나와 양
(陽)이라 위(ㅗ)와 밖(ㅏ)에 놓였네.

欲[ㅛ]穰[ㅑ]兼人[ㅣ]為再出이니 二圓為形見其義라.
욕　　양　　겸인　　위재출　　　이 원 위 형 현 기 의

　'ㅛ'와 'ㅑ'는 사람을 겸하여 거듭 나게 됨이니 두 개의 둥근 점(··)으
로써 그 의미를 보여준 것이네.

君[ㅜ]業[ㅓ]戌[ㅠ]彆[ㅕ]出扵地이니 據例自知何須評하랴.
군　　업　　술　　별　　출어지　　　거 례 자 지 하 수 평

　'ㅜ'와 'ㅓ'와 'ㅠ'와 'ㅕ'는 땅에서 나옴이니 예로 미루어 저절로 알 것
인데 무엇을 풀어 말하랴?

32

吞之為字貫八聲

維天之用徧流行

四聲兼人亦有由

人參天地為最靈

且就三聲究至理

自有剛柔與陰陽

中是天用陰陽分

初迺地功剛柔彰

呑[ㆍ]之爲字貫八聲은 維天之用徧流行이라.
탄 지위자관팔성 유천지용편류행

   ‘ㆍ’가 여덟 소리(ㅗ, ㅏ, ㅛ, ㅑ, ㅜ, ㅓ, ㅠ, ㅕ)를 꿰는 글자가 되는 것은 오직 하늘(ㆍ)이 두루 흘러 쓰이는 것과 같네.

四聲兼人[ㅣ]亦有由하니 人[ㅣ]參天[ㆍ]地[ㅡ]爲最靈이라.
사 성 겸 인 역 유 유 인 참 천 지 위 최 령

   네 소리(ㅛ, ㅑ, ㅠ, ㅕ)에 사람(ㅣ)을 겸한 이유가 있으니 사람이 천지에 참여함에 있어 가장 신령하기 때문이네.

且就三聲究至理하면 自有剛柔與陰陽이라.
차 취 삼 성 구 지 리 자 유 강 유 여 음 양

   또한, 세 개의 소리(첫소리, 가운뎃소리, 끝소리)를 탐구하여 이치를 살펴보면 ‘강함과 부드러움’, ‘음과 양’을 스스로 가지고 있네.

中是天用陰陽分이요 初迺地功剛柔彰이라.
중 시 천 용 음 양 분 초 내 지 공 강 유 창

   가운뎃소리는 하늘(ㆍ)이 작용하여 음과 양으로 나뉘고, 첫소리는 땅(ㅡ)의 공로(功勞)로 강함과 부드러움을 드러내네.

33

中聲唱之初聲和

天先乎地理自然

和者為初亦為終

物生復歸皆扵坤

陰變為陽陽變陰

一動一靜互為根

初聲復有發生義

為陽之動主扵天

中聲唱之初聲和하니 天先乎地理自然이라.
중성창지초성화 　천선호지리자연

　가운뎃소리가 부르면 첫소리가 화답하니 하늘(·)이 땅(ㅡ)에 앞섬은 자연의 이치이네.

和者為初亦為終이니 物生復歸皆扵坤이라.
화자위초역위종 　물생복귀개어곤

　화답함이 첫소리도 되고 끝소리도 되는 것이니 만물이 땅에서 나서 땅으로 돌아가는 것이네.

陰變為陽陽變陰이니 一動一靜互為根이라.
음변위양양변음 　일동일정호위근

　음이 변하여 양이 되고 양이 변하여 음이 되니 움직임과 고요함(멈춤)이 서로 뿌리가 되네.

初聲復有發生義이니 為陽之動主扵天이라.
초성부유발생의 　위양지동주어천

　첫소리는 다시 피어나는 의미가 있으니 양의 움직임은 하늘(·)이 주관함이네.

終聲比地陰之靜

字音扵此止定焉

韻成要在中聲用

人能輔相天地宜

陽之為用通扵陰

至而伸則反而歸

初終雖云分兩儀

終用初聲義可知

---

34 보상(輔相). 사람이 천지(天地)의 덕을 본받아 하늘의 마땅한 이치를 회복하는 것.(『주역』)

終聲比地陰之靜이니 字音於此止定焉이라.
종성비지음지정　　자음어차지정언

    끝소리를 땅에 견주면 음의 고요함이니 글자 소리가 여기서 멈춰 정
해지네.

韻成要在中聲用이니 人能輔相天地宜라.
운성요재중성용　　인능보상천지의

    운율을 이루는 핵심은 가운뎃소리 작용에 있으니 사람(ㅣ)이 능히 하
늘(ㆍ)과 땅(ㅡ)의 마땅한 이치를 돕는 것(輔相)[34]이네.

陽之爲用通於陰이니 至而伸則反而歸라.
양지위용통어음　　지이신즉반이귀

    양(첫소리)에 쓰이는 것이 음(끝소리)에도 통하니 (음에) 이르러 소리
를 펼치면 (그것은) 다시 (양으로) 돌아오네.

初終雖云分兩儀이나 終用初聲義可知라.
초종수운분량의　　종용초성의가지

    첫소리와 끝소리가 비록 음양으로 나뉜다고 하나 끝소리에 첫소리를
쓰는 뜻을 알 수 있네.

正音之字只廿八

探賾錯綜窮深幾

指遠言近牖民易

天授何曾智巧為

初聲解

正音初聲。即韻書之字母也。聲音

由此而生。故曰母。如牙音君字初

聲是ㄱ。ㄱ與ㅡ而為군。快字初聲

---

35 훈민정음 해례본에서 초성(첫소리)에 대해 가운뎃소리(중성) 앞에서 어떻게 쓰이는가에 대한 설명.

正音之字只卄八이니 探賾錯綜窮深幾라.
정음지자지입팔　　탐색착종궁심기

　　바른소리 글자가 단지 스물여덟 자뿐이로되 뒤섞여 엉클어진 것(어려운 이치)을 탐구하여 그 궁극의 깊은 기미(낌새)를 찾았네.

指遠言近牖民易하니 天授何曾智巧爲라.
지원언근유민이　　　천수하증지교위

　　뜻은 멀되 말은 가까워 백성이 깨치기 쉬우니 하늘이 내리신 것이지 어찌 (사람의) 지혜와 재주로 된 것이겠는가?

2. 초성해(初聲解)[35]

正音初聲은 即韻書之字母也니라. 聲音由此而生이니 故曰母니라.
정음초성　　즉운서지자모야　　　성음유차이생　　　고왈모

　　바른소리의 첫소리는 한자음 사전에서 첫소리에 해당한다. 말소리가 이로부터 나와서 '어머니(母)'라고 한다.

如牙音君[군]字初聲是ㄱ이니 ㄱ與ㅜㄴ而爲군이니라.
여아음군　　자초성시　　여　　이위

　　예를 들면, 어금닛소리 '군'자의 첫소리는 'ㄱ'이니 'ㄱ'과 'ㅜㄴ'이 합하여 '군'이 된다.

36

是ㅋ。ㅋ與ㅐ而為쾌蚪字初聲是

ㄲ。ㄲ與ㅠ而為끃業字初聲是ㆁ。

ㆁ與ㅛ而為읍之類。舌之斗呑覃

那脣之彆漂步彌齒之即侵慈戌

邪喉之挹虛洪欲。半舌半齒之間

穰。皆倣此。訣曰

君快虯業其聲牙

舌聲斗呑及覃那

快[쾌]字初聲是ㅋ이니 ㅋ與ᅫ而爲쾌니라.
쾌　자초성시　　　여　이위

　　'쾌'자의 첫소리는 'ㅋ'이니 'ㅋ'과 'ᅫ'가 합하여 '쾌'가 된다.

虯[뀨]字初聲是ㄲ이니 ㄲ與ᆒ而爲뀨니라.
규　자초성시　　　여　이위

　　'뀨'자의 첫소리는 'ㄲ'이니 'ㄲ'과 'ᆒ'가 합하여 '뀨'가 된다.

業[업]字初聲是ㆁ이니 ㆁ與ᆸ而爲업之類니라.
업　자초성시　　　여　이위　지류

　　'업'자의 첫소리는 'ㆁ'이니 'ㆁ'과 'ᆸ'이 합하여 '업'이 되는 식이다.

舌之斗[ㄷ]呑[ㅌ]覃[ㄸ]那[ㄴ], 脣之彆[ㅂ]漂[ㅍ]步[ㅃ]彌[ㅁ],
설지두　탄　담　나　순지별　표　보　미

齒之卽[ㅈ]侵[ㅊ]慈[ㅉ]戌[ㅅ]邪[ㅆ], 喉之挹[ㆆ]虛[ㅎ]洪[ㆅ]欲[ㅇ],
치지즉　침　자　술　사　후지읍　허　흥　욕

半舌半齒之閭[ㄹ]穰[ㅿ], 皆倣此니라. 訣曰
반설반치지려　양　개방차　결왈

　　혓소리 'ㄷ, ㅌ, ㄸ, ㄴ'과 입술소리 'ㅂ, ㅍ, ㅃ, ㅁ'과 잇소리 'ㅈ, ㅊ, ㅉ,
　ㅅ, ㅆ'과 목구멍소리 'ㆆ, ㅎ, ㆅ, ㅇ'과 반혓소리 'ㄹ' 및 반잇소리 'ㅿ'도
　모두 이와 같다. 간추려 말하면,

君[ㄱ]快[ㅋ]虯[ㄲ]業[ㆁ]其聲牙요 舌聲斗[ㄷ]呑[ㅌ]及覃[ㄸ]那[ㄴ]라.
군　쾌　규　업　기성아　설성두　탄　급담　나

　　'ㄱ, ㅋ, ㄲ, ㆁ'은 그 소리가 어금닛소리이며 'ㄷ, ㅌ'과 'ㄸ, ㄴ'은
　혓소리네.

37

彆漂步彌則是脣

齒有即侵慈戌邪

挹虛洪欲迺喉聲

閭為半舌穰半齒

二十三字是為母

萬聲生生皆自此

中聲解

中聲者。居字韻之中。合初終而成

彆[ㅂ]漂[ㅍ]步[ㅃ]彌[ㅁ]則是脣이요 齒有即[ㅈ]侵[ㅊ]慈[ㅉ]戌[ㅅ]邪[ㅆ]라.
별　표　보　미　즉시순　　치유즉　침　자　술　사

　　'ㅂ, ㅍ, ㅃ, ㅁ'은 입술소리이고 'ㅈ, ㅊ, ㅉ, ㅅ, ㅆ'은 잇소리네.

挹[ㆆ]虛[ㅎ]洪[ㆅ]欲[ㅇ]迺喉聲이요 閭[ㄹ]爲半舌穰[ㅿ]半齒라.
읍　　허　　홍　　욕　　내후성　　려　　위반설양　　반치

　　'ㆆ, ㅎ, ㆅ, ㅇ'은 곧 목구멍소리이고 'ㄹ'은 반혓소리이며 'ㅿ'은 반잇
　소리네.

二十三字是爲母이니 萬聲生生皆自此라.
이십삼자시위모　　　만성생생개자차

　　이 스물세 자가 첫소리가 되니 모든 소리가 다 여기서 생겨나네.

3. 중성해(中聲解)

中聲者는 居字韻之中하니 合初終而成音하니라.
중성자　거자운지중　　　합초종이성음

　　가운뎃소리는 글자 소리의 가운데에 놓여 첫소리와 끝소리를 합하여
　음절을 이룬다.

38

音。如吞字中聲是・・・。居ㅌㄴ之

間而為ㅌ。即字中聲是一。一居ㅊ

ㄱ之間而為즉。侵字中聲是ㅣ。ㅣ

居大口之間而為침之類。洪覃君

業欲穰戌彆皆倣此。二字合用者。

・與ㅏ同出於・。故合而為ㅛ・ㅑ

與ㅑ又同出於ㅣ。故合而為ㅛ・ㅑ

與ㅓ同出於一。故合而為ㅠ・ㅕ

如吞[툰]字中聲是·니 ·居ㅌㄴ之間而為툰이요
여탄　자중성시　거　지간이위

即[즉]字中聲是ㅡ니 ㅡ居ㅈㄱ之間而為즉이니라
즉　자중성시　거　지간이위

　'툰'자의 가운뎃소리는 '·'이니 '·'가 'ㅌ'과 'ㄴ' 사이에 놓여 '툰'
이 되고 '즉'자의 가운뎃소리는 'ㅡ'이니 'ㅡ'가 'ㅈ'과 'ㄱ' 사이에 놓여
'즉'이 된다.

侵[침]字中聲是ㅣ니 ㅣ居ㅊㅁ之間而為침之類니라.
침　자중성시　거　지간이위　지류

洪[ㅗ]覃[ㅏ]君[ㅜ]業[ㅓ]欲[ㅛ]穰[ㅑ]戌[ㅠ]彆[ㅕ]도 皆倣此니라.
홍　담　군　업　욕　양　술　별　개방차

　'침'자의 가운뎃소리는 'ㅣ'이니 'ㅣ'가 'ㅊ'과 'ㅁ' 사이에 놓여 '침'이
되는 식이다. '똥, 땀, 군, 업, 욕, 샹, 슐, 볃'에서 'ㅗ, ㅏ, ㅜ, ㅓ, ㅛ, ㅑ, ㅠ,
ㅕ'도 모두 이와 같다.

二字合用者는 ㅗ與ㅏ同出扵·니 故合而為ㅘ니라.
이자합용자　여　동출어　고합이위

ㅛ與ㅑ又同出扵ㅣ니 故合而為ㆇ니라.
여　우동출어　고합이위

ㅜ與ㅓ同出扵ㅡ니 故合而為ㅝ니라.
여　동출어　고합이위

　두 글자가 합하여 쓰이는 가운뎃소리는 'ㅗ'와 'ㅏ'는 똑같이 '·'에서
나왔으므로 합하여 'ㅘ'가 된다. 'ㅛ'와 'ㅑ'도 또한 한가지로 'ㅣ'에서
나왔으므로 합하여 'ㆇ'가 된다. 'ㅜ'와 'ㅓ'는 똑같이 'ㅡ'에서 나왔으
므로 합하여 'ㅝ'가 된다.

39

ㅕ又同出於一。故合而為ㅒ以其

同出而為類。故相合而不悖也。一

字中聲之與一相合者十。ㆍㅗㅏㅜㅓ

ㅐㅔㅢㅚㅟ是也。二字中聲

之與一相合者四。ㅙㅞㆎㅙ是也。

丨扵深淺闔闢之聲並能相隨者。

以其舌展聲淺而便扵開口也。亦

可見人之參贊開物而無所不通

<u>36</u> 깊고 얕은(深淺) 소리: 가운뎃소리에는 깊은 소리와 얕은 소리가 있는데, 'ㆍ'는 깊은 소리이고 'ㅡ'는 얕은 소리이다.

<u>37</u> 닫히고 열리는(闔闢) 소리: 가운뎃소리에는 닫힌 소리와 열린 소리가 있는데, 'ㅗ, ㅜ, ㅛ, ㅠ'는 닫힌 소리이고 'ㅏ, ㅓ, ㅑ, ㅕ'는 열린 소리이다.

<u>38</u> 만물의 뜻을 열어 놓는다[한국고전용어사전 편찬위원회, 『한국고전용어사전』(세종대왕기념사업회, 2001)]. "주역은 만물의 뜻을 열어 놓고 천하의 모든 일을 이룩하여 놓는다[夫易 開物成務]."[주역(周易), 계사전(繫辭傳) 상(上) 11장].

ㅠ與ㅓ又同出扵ㅣ니 故合而為ᆒ니라.

以其同出而為類이니 故相合而不悖也니라.

　'ㅠ'와 'ㅓ' 또한 한가지로 'ㅣ'에서 나왔으므로 합하여 'ᆒ'가 된다. 그들은 모두 같은 곳에서 나와 같은 무리(類)가 되었으므로 서로 합하여도 어그러짐이 없다.

一字中聲之與ㅣ相合者十이니 ㅓㅢㅚㅐㅟㅔㅢㅒㅟㅖ是也니라.

　한 글자로 된 가운뎃소리가 'ㅣ'와 서로 합하는 경우는 열 가지로 'ㅓ, ㅢ, ㅚ, ㅐ, ㅟ, ㅔ, ㅢ, ㅒ, ㅟ, ㅖ'이다.

二字中聲之與ㅣ相合者四이니 ㅙㅞㅙㅞ是也니라.

　두 글자로 된 가운뎃소리가 'ㅣ'와 서로 합하는 경우는 네 가지로 'ㅙ, ㅞ, ㅙ, ㅞ'이다.

ㅣ扵深淺闔闢之聲　並能相随者는 以其舌展聲淺而便扵開口也니라.

　'ㅣ'가 깊고 얕고(深淺)[36] 닫히고 열리는(闔闢)[37] 소리에 두루 서로 잘 따를 수 있는 것은 'ㅣ' 소리가 혀가 펴지고 소리가 얕아서 입을 벌리기에 편하기 때문이다.

亦可見人[ㅣ]之參贊開物而無所不通也니라. 訣曰

　역시 사람(ㅣ)이 만물의 뜻을 여는 데(開物)[38] 참여하여 통하지 않음이 없음을 볼 수 있다 하겠다. 간추려 말하면,

40

也。訣曰

母字之音各有中
須就中聲尋闢闔
洪覃自吞可合用
君業出即亦可合
欲之與穰戌與彆
各有所從義可推
侵之為用最居多

母字之音各有中이니 須就中聲尋闢闔이라.
모 자 지 음 각 유 중　　　수 취 중 성 심 벽 합

　　모든 글자 소리마다 제각기 가운뎃소리가 있으니 모름지기 가운뎃소
　리에서 열림과 닫힘을 찾아야 하네.

洪[ㅗ]覃[ㅏ]自呑[ㆍ]可合用이요 君[ㅜ]業[ㅓ]出即[ㅡ]亦可合이라.
홍　　담　　자 탄　　가 합 용　　군　　업　　출 즉　　역 가 합

　　'ㅗ'와 'ㅏ'는 'ㆍ'에서 나왔으니 합하여 쓸 수 있고(ㅘ) 'ㅜ'와 'ㅓ'는
　'ㅡ'에서 나왔으니 마찬가지로 합할 수 있네(ㅝ).

欲[ㅛ]之與穰[ㅑ]戌[ㅠ]與彆[ㅕ]이니 各有所從義可推니라.
욕　　지 여 양　　술　　여 별　　　　각 유 소 종 의 가 추

　　'ㅛ'와 'ㅑ', 'ㅠ'와 'ㅕ'는 각각 따르는 바 있으니 미루어 그 뜻을 알 수
　있네.

侵[ㅣ]之爲用最居多하니
침　　지 위 용 최 거 다

　　(가운뎃소리에서) 'ㅣ'의 사용이 가장 많아서

41

於十四聲徧相隨

終聲解

終聲者。承初中而成字韻。如即字

終聲是ㄱ。ㄱ居즉終而為즉。洪字

終聲是ㆁ。ㆁ居뽕終而為뽕之類。

舌脣齒喉皆同聲有緩急之殊。故

平上去其終聲不類入聲之促急。

不清不濁之字。其聲不厲。故用於

39 훈민정음 해례본에서 종성(끝소리: 받침)의 개념과 운용법, 소리의 느리기와 빠르기에 대한 설명.

於十四聲偏相隨니라.
어 십 사 성 편 상 수

열넷의 소리에 두루 서로 따르네(ㆎ, ㅢ, ㅚ, ㅐ, ㅟ, ㅔ, ㆉ, ㅒ, ㆌ, ㅖ, ㅙ, ㅞ, ㆈ, ㆋ).

4. 종성해(終聲解)[39]

終聲者는 承初中而成字韻이니라. 如即[즉]字終聲是ㄱ이니
종 성 자 승 초 중 이 성 자 운 여 즉 자 종 성 시

ㄱ居즈終而為즉이니라.
거 종 이 위

끝소리는 첫소리와 가운뎃소리를 이어받아 글자 소리를 이루는 것이다. 가령 '즉'자의 끝소리는 'ㄱ'이니 'ㄱ'은 '즈'의 끝에 놓여 '즉'이 된다.

洪[ᅘᅩᇰ]字終聲是ㆁ이요 ㆁ居ᅘᅩ終而為ᅘᅩᇰ之類니라. 舌脣齒喉皆同이니라.
홍 자 종 성 시 거 종 이 위 지 류 설 순 치 후 개 동

ᅘᅩᇰ자의 끝소리는 'ㆁ'이고 'ㆁ'은 'ᅘᅩ'의 끝에 놓여 ᅘᅩᇰ이 되는 것과 같다. 혓소리, 입술소리, 잇소리, 목구멍소리도 모두 같다.

聲有緩急之殊이니 故平上去其終聲不類入聲之促急이니라.
성 유 완 급 지 수 고 평 상 거 기 종 성 불 류 입 성 지 촉 급

소리는 느림과 빠름의 차이가 있으므로 평성, 상성, 거성의 끝소리는 입성의 촉급함(짧고 급함)과는 같지 않다.

不淸不濁之字는 其聲不厲이니
불 청 불 탁 지 자 기 성 불 려

맑지도 탁하지도 않은 '불청불탁'의 글자는 그 소리가 세지 않으므로

42

終則宜於平上去。全清次清全濁

之字其聲為屬。故用於終則宜於

入。所以ㆁㄴㅁㅇㄹㅿ六字為平

上去聲之終。而餘皆為入聲之終

也。然ㄱㆁㄷㄴㅂㅁㅅㄹ八字可

足用也。如빗곶為梨花。영의갗為

狐皮。而ㅅ字可以通用。故只用ㅅ

字。且ㅇ聲淡而虛。不必用於終。而

故用扵終則宜扵平上去니라.
고 용 어 종 즉 의 어 평 상 거

    끝소리로 쓰면 평성, 상성, 거성에 알맞다.

全淸次淸全濁之字는 其聲為厲이니 故用扵終則宜扵入이니라.
전 청 차 청 전 탁 지 자   기 성 위 려   고 용 어 종 즉 의 어 입

所以ㆁㄴㅁㅇㄹㅿ六字為平上去聲之終이요 而餘皆為入聲之終也니라.
소 이   육 자 위 평 상 거 성 지 종   이 여 개 위 입 성 지 종 야

    모두맑은소리, 다음맑은소리, 모두탁한소리의 글자는 그 소리가 거세
므로 끝소리로 쓰면 입성에 알맞다. 그러므로 'ㆁ, ㄴ, ㅁ, ㅇ, ㄹ, ㅿ' 여
섯 글자는 평성, 상성, 거성의 끝소리가 되고 나머지는 다 입성의 끝소
리가 된다.

然ㄱㆁㄷㄴㅂㅁㅅㄹ八字可足用也니라.
연   팔 자 가 족 용 야

    그렇지만 'ㄱ, ㆁ, ㄷ, ㄴ, ㅂ, ㅁ, ㅅ, ㄹ' 여덟 글자로도 충분히 쓸 수
있다.

如빗곶為梨花요 영의갗為狐皮이나,
여   위 리 화   위 호 피

而ㅅ字可以通用이니 故只用ㅅ字니라.
이   자 가 이 통 용   고 지 용   자

且ㅇ聲淡而虛이니 不必用扵終이요
차   성 담 이 허   불 필 용 어 종

    가령 **빗곶**(梨花: 배꽃)의 끝소리는 'ㅈ'이고 **영의갗**(狐皮: 여우 가죽)의
끝소리는 'ㅊ'이지만 'ㅅ'자로 통용할 수 있으므로 오직 'ㅅ'자로 쓰는
것과 같다. 또 'ㅇ'은 소리가 맑고 비었으니 반드시 끝소리에 사용하지
않더라도

中聲可得成音也。ㄷ如볃為彆。ㄴ
如군為君。ㅂ如업為業。ㅁ如땀為
覃。ㅅ如諺語ㆍ옷為衣。ㄹ如諺語실
為絲之類。五音之緩急。亦各自為
對。如牙之ㆁ與ㄱ為對。而ㆁ促呼
則變為ㄱ而急。ㄱ舒出則變為ㆁ
而緩。舌之ㄴㄷ。脣之ㅁㅂ。齒之△
ㅅ。喉之ㅇㆆ。其緩急相對。亦猶是

43

而中聲可得成音也니라.
이 중 성 가 득 성 음 야

　　가운뎃소리만으로 음절을 이룰 수 있다.

ㄷ如볃為彆[볃]이요 ㄴ如군為君[군]이요 ㅂ如업為業[업]이요
　　여　　위별　　　　여　　위군　　　　여　　위업

ㅁ如땀為覃[땀]이요 ㅅ如諺語·옷為衣요 ㄹ如諺語·실為絲之類니라.
　　여　　위담　　　　여 언 어　위 의　　　여 언 어　위 사 지 류

　　'ㄷ'은 볃의 끝소리 'ㄷ'이 되고, 'ㄴ'은 군의 끝소리 'ㄴ'이 되고, 'ㅂ'
은 업의 끝소리 'ㅂ'이 되고, 'ㅁ'은 땀의 끝소리 'ㅁ'이 되고, 'ㅅ'은
토박이말(諺語) '·옷'의 끝소리 'ㅅ'이 되며, 'ㄹ'은 토박이말 ·실의 끝소
리 'ㄹ'이 되는 따위와 같다.

五音之緩急이 亦各自為對니라. 如牙之ㆁ與ㄱ為對이니
오 음 지 완 급　역 각 자 위 대　　여 아 지 여　위 대

而ㆁ促呼則變為ㄱ而急이요 ㄱ舒出則變為ㆁ而緩이니라.
이 촉 호 즉 변 위 이 급　이 서 출 즉 변 위 여 이 완

舌之ㄴㄷ, 脣之ㅁㅂ, 齒之ㅿㅅ, 喉之ㅇㆆ, 其緩急相對이니 亦猶是也니라.
설 지　　순 지　　치 지　　후 지　기 완 급 상 대　역 유 시 야

　　오음(아설순치후)의 느림과 빠름은 또한 각자 짝을 이룬다. 가령 어금
닛소리 'ㆁ'은 'ㄱ'과 짝이 되어 'ㆁ'을 빠르게 소리 내면 'ㄱ'으로 변하
여 빨라지고, 'ㄱ'을 천천히 소리 내면 'ㆁ'으로 바뀌어 느려진다. 혓소
리 'ㄴ, ㄷ', 입술소리 'ㅁ, ㅂ', 잇소리 'ㅿ, ㅅ', 목구멍소리 'ㅇ, ㆆ'도 그
느림과 빠름으로 서로 짝을 이룸이 또한 이와 같다.

99

44

也。且半舌之ㄹ。當用於諺。而不可

用於文。如入聲之彆字。終聲當用

ㄷ。而俗習讀為ㄹ。盖ㄷ變而為輕

也。若用ㄹ為彆之終。則其聲舒緩。

不為入也。訣曰

不清不濁用於終

為平上去不為入

全清次清及全濁

---

40 세종실록 권 102에 "상친제언문이십팔자(上親製諺文二十八字)"라고 한 것은 훈민정음 창제 당시에 중국 한자에 대한 한글을 통칭하는 의미로 사용되었다고 봐야하는데, '백성이 말하고자 하는 바가 있어도 문자가 서로 통하지 아니하여'라는 구절에서 보듯, 지배층과 서민층 사이에 언어적 괴리가 존재하던 상황에서 글을 모르는 사람들을 위해 새롭게 만든 글이라는 의미로 지칭한 것뿐, 한글과 한자의 격(格)을 구분 짓는 표기는 아니었다고 보여진다. 그 근거로 바로 다음 문장에 彆(활 뒤틀릴 '별')은 본래 볃소리가 되어야 하나 '별'이라고 통용되었던 것과 같은 맥락이다.

且半舌之ㄹ은 當用扵諺이나 而不可用扵文이니라.
차 반 설 지　　　　당 용 어 언　　　이 불 가 용 어 문

또 반혓소리 'ㄹ'은 마땅히 토박이말(諺)에는 쓰이지만 한자(文)에는 쓰이지 않는다.[40]

如入聲之彆[볃]字도 終聲當用ㄷ이나
여 입 성 지 별　　자　　종 성 당 용

而俗習讀為ㄹ이니 盖ㄷ變而為輕也니라.
이 속 습 독 위　　　　개　변 이 위 경 야

若用ㄹ為彆[볃]之終이면 則其聲舒緩이니 不為入也니라. 訣曰
약 용　위 별　　지 종　　　즉 기 성 서 완　　　불 위 입 야　　　결 왈

가령 입성의 '彆(볃)'자도 끝소리는 마땅히 'ㄷ'을 써야 하는데 백성들이 배우고 읽기를 'ㄹ'이라고 하였기에 'ㄷ'이 바뀌어 가벼운 소리로 된 것이다. 만약 'ㄹ'을 '彆(볃)'자의 끝소리로 쓴다면 그 소리가 느려져 입성이 되지 못한다. 간추려 말하면,

不清不濁用扵終이면 為平上去不為入이라.
불 청 불 탁 용 어 종　　　위 평 상 거 불 위 입

맑지도 탁하지도 않은 '불청불탁'의 소리를 끝소리에 쓰면 평성, 상성, 거성은 되지만 입성은 되지 않네.

全清次清及全濁은
전 청 차 청 급 전 탁

모두맑은소리, 다음맑은소리, 모두탁한소리는

45

是皆為入聲促急

初作終聲理固然

只將八字用不窮

唯有欲聲所當處

中聲成音亦可通

若書即字終用君

洪彆亦以業斗終

君業覃終又何如

是皆為入聲促急이라.
시개위입성촉급

　모두 입성이 되어 소리가 매우 빠르네.

初作終聲理固然이나 只將八字用不窮이라.
초작종성리고연　　지장팔자용불궁

　첫소리가 끝소리로 되는 것은 당연한 이치인데 다만 여덟 글자로 사
용해도 부족함이 없네.

唯有欲[ㅇ]聲所當處라도 中聲成音亦可通이라.
유유욕　성소당처　　중성성음역가통

　오직 'ㅇ' 소리를 쓸 자리라도 가운뎃소리로 음을 이루어 또한 통할
수 있네.

若書即[즉]字終用君[ㄱ]이요 洪[홍]彆[볃]亦以業[ㅇ]斗[ㄷ]終이라.
약서즉　자종용군　　홍　별　역이업　두　종

　만약 '즉'자를 쓰려면 'ㄱ'을 끝소리로 하고 홍과 볃은 'ㅇ'과 'ㄷ'을 끝
소리로 하네.

君[군]業[업]覃[땀]終又何如요
군　업　담　종우하여

　'군, 업, 땀'의 끝소리는 또한 어떨까?

以那彆彌次第推

六聲通乎文與諺

戍閭用扵諺衣絲

五音緩急各自對

君聲迺是業之促

斗彆聲緩為那彌

穰欲亦對戍與把

閭宜扵諺不宜文

以那[ㄴ]彆[ㅂ]彌[ㅁ]次第推라.
이나 별 미 차제추

  'ㄴ, ㅂ, ㅁ'으로써 차례를 추측할 수 있네.

六聲通乎文與諺하되 戌[ㅅ]閭[ㄹ]用扵諺衣[옷]絲[실]라.
육성통호문여언 술 려 용어언의 사

  여섯 소리(ㄱ, ㆁ, ㄷ, ㄴ, ㅂ, ㅁ)는 한자(文)나 토박이말(諺)에 함께 쓰이되, 'ㅅ'과 'ㄹ'은 토박이말 '옷'과 '실'의 끝소리에만 쓰이네.

五音緩急各自對이니 君[ㄱ]聲迺是業[ㆁ]之促이라.
오음완급각자대 군 성내시업 지촉

  다섯 음의 느리기와 빠르기는 각자 짝을 이루니 'ㄱ' 소리는 'ㆁ'을 빠르게 낸 것이네.

斗[ㄷ]彆[ㅂ]聲緩為那[ㄴ]彌[ㅁ]하고 穰[ㅿ]欲[ㅇ]亦對戌[ㅅ]與挹[ㆆ]이라.
두 별 성완위나 미 양 욕 역대술 여읍

  'ㄷ, ㅂ' 소리가 느려지면 'ㄴ, ㅁ'이 되고 'ㅿ, ㅇ' 또한 'ㅅ'과 'ㆆ'의 짝이 되네.

閭[ㄹ]宜扵諺不宜文이니
려 의어언불의문

  'ㄹ'은 토박이말(諺)의 끝소리로 쓰기에는 마땅하나 한자에는 알맞지 않으니

47

斗輕爲閭是俗習

合字解

初中終三聲合而成字。初聲或在
中聲之上。或在中聲之左。如君字
ㄱ在ㅜ上。業字ㆁ在ㅓ左之類。中
聲則圓者橫者在初聲之下。ㆍㅗㅜ
ㅛㅠ是也。縱者在初聲之右。
ㅣㅏㅑㅓㅕ是也。如吞字ㆍ在ㅌ

41 훈민정음 해례본에서 초성, 중성, 종성을 합해서 만들어지는 글자에 대해 여러 규칙을 설명.

106

斗[ㄷ]輕為閭[ㄹ]是俗習이라.
두   경위려   시속습

　'ㄷ' 소리가 가벼워져 'ㄹ'이 된 것은 일반의 관습이네.

5. 합자해(合字解)[41]

初中終三聲은 合而成字나라.
초중종삼성　합이성자

　첫소리, 가운뎃소리, 끝소리 세 소리가 합해져서 글자를 이룬다.

初聲或在中聲之上하고 或在中聲之左나라.
초성혹재중성지상　혹재중성지좌
如君[군]字ㄱ在ㅜ上하고 業[업]字ㅇ在ㅓ左之類나라.
여군　자재상　업　자재좌지류

　첫소리는 가운뎃소리의 위에 쓰거나 왼쪽에 쓴다. 가령 '군'자의 'ㄱ'
은 'ㅜ' 위에 쓰고 '업'자의 'ㅇ'은 'ㅓ'의 왼쪽에 쓰는 따위다.

中聲則圓者橫者在初聲之下하니 · ㅡ ㅗ ㅛ ㅜ ㅠ是也나라.
중성즉원자횡자재초성지하　　　　　　　　시야
縱者在初聲之右하니 ㅣ ㅏ ㅑ ㅓ ㅕ 是也나라.
종자재초성지우　　　　　　　시야

　가운뎃소리의 '둥근 것(·)'과 '가로로 된 것(ㅡ)'은 첫소리의 아래에
쓰니 '·, ㅡ, ㅗ, ㅛ, ㅜ, ㅠ'가 그것이다. '세로로 된 것(ㅣ)'은 첫소리의
오른쪽에 쓰니 'ㅣ, ㅏ, ㅑ, ㅓ, ㅕ'가 그것이다.

如吞[토]字·在ㅌ下하고
여탄　자　재하

　가령 '톤'자의 '·'는 'ㅌ'의 아래에 쓰고

48

下。即字ㅡ在ㅈ下侵字ㅣ在ㅊ右
之類。終聲在初中之下。如君字ㄴ
在구下業字ㅂ在어下之類。初聲
二字三字合用並書如諺語ᄯ為
地ᄲ為隻ᄡ為隙之類各自並書。
如諺語혀為舌而ᅘᅧ為引괴여為
我愛人而괴ㆀ여為人愛我소다為
覆物而쏘다為射之之類。中聲二

即[즉]字ㅡ在ㅈ下하고 侵[침]字ㅣ在ㅊ右之類니라.
즉 자 재 하 침 자 재 우지류

'즉'자의 'ㅡ'는 'ㅈ' 아래에 쓰고 '침'자의 'ㅣ'는 'ㅊ'의 오른쪽에 쓰는 따위다.

終聲在初中之下니라. 如君[군]字ㄴ在구下하고 業[업]字ㅂ在어下之類니라.
종성재초중지하 여군 자 재 하 업 자 재 하지류

끝소리는 첫소리와 가운뎃소리의 아래에 쓴다. 예를 들면 '군'자의 'ㄴ'은 '구'의 아래에 쓰고 '업'자의 'ㅂ'은 '어'의 아래에 쓰는 따위다.

初聲二字三字合用並書는 如諺語ᄯᅡ爲地요 ᄧᅡᆨ爲隻이요 ᄢᅳᆷ爲隙之類니라.
초성이자삼자합용병서 여언어 위지 위척 위극지류

첫소리에서 서로 다른 두 개의 글자 혹은 세 개의 글자를 합하여 나란히 쓰는 '병서'는 가령 토박이말(諺語)의 'ᄯᅡ(땅), ᄧᅡᆨ(외짝), ᄢᅳᆷ(틈)' 같은 따위다.

各自並書는 如諺語 혀爲舌而 ᅘᅧ爲引이요
각자병서 여언어 위설이 위인

괴·여爲我愛人而 괴·ᅇᅧ爲人愛我요
위아애인이 위인애아

소·다爲覆物而 쏘·다爲射之之類니라.
위복물이 위사지지류

같은 글자를 합하여 나란히 쓰는 '각자병서(各自並書)'는 이를테면, 토박이말(諺語)의 '혀'는 입속의 혀를 가리키지만 'ᅘᅧ'는 '당김'을 뜻하고, '괴·여'는 '내가 남을 사랑한다'는 뜻이지만 '괴·ᅇᅧ'는 '남에게서 내가 사랑받는다'는 뜻이며, '소·다'는 '무엇을 뒤집어 쏟다'는 뜻이지만 '쏘·다'는 '무엇을 쏘다'라는 뜻이 되는 따위와 같다.

49

字三字合用。如諺語ㅘ為琴柱。ㆅ

為炬之類。終聲二字三字合用。如

諺語ㅎ為土。ㅺ為釣。ㄯㅄ為酉時

之類。其合用並書。自左而右。初中

終三聲皆同。文與諺雜用則有因

字音而補以中終聲者。如孔子ㅣ

魯ㅅ사룸之類。諺語平上去入。如

활為弓而其聲平。돌為石而其聲

中聲二字三字合用은 如諺語·과為琴柱요 ·홰為炬之類니라.
중 성 이 자 삼 자 합 용   여 언 어   위 금 주   위 거 지 류

　가운뎃소리에서 두 글자나 세 글자를 합하여 쓰는 것은 예를 들면, 토박이말의 '·과(거문고 줄을 괴는 받침, 기러기발), ·홰(횃불)' 따위를 들 수 있다.

終聲二字三字合用은 如諺語훍為土 낛為釣요 돐ᄢ為酉時之類니라.
종 성 이 자 삼 자 합 용   여 언 어   위 토   위 조   위 유 시 지 류

　끝소리에서 두 글자나 세 글자를 합하여 쓰는 것은 예를 들면, 토박이말의 '훍(흙), 낛(낚시), 돐ᄢ(닭때, 유시)' 따위가 있다.

其合用並書는 自左而右하니 初中終三聲皆同이니라.
기 합 용 병 서   자 좌 이 우   초 중 종 삼 성 개 동

　이러한 서로 다른 글자를 합하여 나란히 쓰는 합용병서(合用並書)는 왼쪽에서 오른쪽으로 쓰며 첫소리, 가운뎃소리, 끝소리 모두 동일하다.

文與諺雜用則有因字音而補以中終聲者이니 如孔子ㅣ魯ㅅ·사룸 之類니라.
문 여 언 잡 용 즉 유 인 자 음 이 보 이 중 종 성 자   여 공 자   로   지 류

　한자와 토박이말을 섞어 쓸 경우에는 한자음에 따라 한글의 가운뎃소리나 끝소리를 보충하는 일이 있으니 가령 '孔子ㅣ魯ㅅ·사룸(공자는 노나라 사람)'으로 쓰는 따위다.

諺語平上去入이니 如활為弓而其聲平이고 ·돌為石而其聲上이요
언 어 평 상 거 입   여   위 궁 이 기 성 평   위 석 이 기 성 상

　토박이말에도 평성, 상성, 거성, 입성이 있으니 가령 '활(활)'은 평성이고 '·돌(돌)'은 상성이며

50

上。갈為刀而其聲去。붇為筆而其

聲入之類。凡字之左。加一點為去

聲二點為上聲。無點為平聲。而文

之入聲與去聲相似。諺之入聲無

定。或似平聲。如긷為柱。녑為脅。或

似上聲。如낟為穀。깁為繒。或似去

聲。如몯為釘。입為口之類。其加點

則與平上去同。平聲安而和。春也。

갈爲刀而其聲去이며 붇爲筆而其聲入之類니라.
위 도 이 기 성 거 　 　 　 위 필 이 기 성 입 지 류

凡字之左에 加一點爲去聲이고 二點爲上聲이요 無點爲平聲이니라.
범 자 지 좌 　 가 일 점 위 거 성 　 　 이 점 위 상 성 　 　 무 점 위 평 성

　‘갈(칼)’은 거성이 되고 ‘붇(붓)’은 입성이 되는 따위다. 모든 글자의
왼쪽에 한 점을 찍은 것은 거성이고 두 점을 찍은 것은 상성이며 점이
없는 것은 평성이다.

而文之入聲은 與去聲相似니라. 諺之入聲無定하여 或似平聲하니
이 문 지 입 성 　 여 거 성 상 사 　 　 언 지 입 성 무 정 　 　 혹 사 평 성

如긷爲柱요 녑爲脅이니라. 或似上聲하니 如낟爲穀이요 깁爲繒이니라.
여 　 위 주 　 위 립 　 　 혹 사 상 성 　 여 　 위 곡 　 위 증

或似去聲하니 如몯爲釘이요 입爲口之類니라. 其加點則與平上去同이니라.
혹 사 거 성 　 여 　 위 정 　 위 구 지 류 　 기 가 점 즉 여 평 상 거 동

　한자음에서 입성과 거성은 유사하지만 토박이말에서 입성은 일정하
지 않아서 때론 평성과 비슷하다. 가령 ‘긷(기둥), 녑(옆구리)’ 같은 따위
다. 혹은 상성과 비슷하여 ‘낟(낟알), 깁(비단)’ 따위가 있으며 혹은 거
성과 비슷하여 ‘몯(못), 입(입)’과 같은 따위도 있다. 그 점을 찍는 방법
은 평성, 상성, 거성의 경우와 같다.

平聲安而和하니 春也요
평 성 안 이 화 　 　 춘 야

　평성은 편안하고 온화하여 봄에 해당하니

萬物舒泰。上聲和而舉。夏也。萬物

漸盛。去聲舉而壯。秋也。萬物成熟。

入聲促而塞。冬也。萬物閉藏。初聲

之ㆆ與ㅇ相似。於諺可以通用也。

半舌有輕重二音。然韻書字母唯

一。且國語雖不分輕重。皆得成音。

若欲備用。則依脣輕例。ㅇ連書ㄹ

下。為半舌輕音。舌乍附上腭。‧一

---

42 훈민정음 이전에 이미 존재하던 우리말을 표현하는 단어로서 토박이말 '언(諺)'과 구분하여 나라말 '국어(國語)'라 함. 훈민정음 서문 및 본문 내용에서도 사용하였음을 알 수 있다.

萬物舒泰니라.
만 물 서 태

　만물이 퍼져 피어난다.

上聲和而擧하니 夏也요 萬物漸盛이니라. 去聲擧而壯하니 秋也요
상 성 화 이 거　　　 하 야　 만 물 점 성　　　 거 성 거 이 장　 추 야
萬物成熟이니라. 入聲促而塞하니 冬也요 萬物閉藏이니라.
만 물 성 숙　　　　입 성 촉 이 색　　 동 야　 만 물 폐 장

　상성은 화창하여 일어서는 여름에 해당하니 만물이 점점 무성해지는
것이다. 거성은 일어서며 견고하여 가을에 해당하니 만물이 무르익는
것과 같다. 입성은 빠르고 닫혀 겨울에 해당하니 만물이 닫히어 잠기는
것과 같다.

初聲之ㆆ與ㅇ相似하니 扵諺可以通用也니라.
초 성 지　 여　 상 사　　 여 언 가 이 통 용 야

　첫소리의 'ㆆ'과 'ㅇ'은 서로 유사하여 토박이말에서는 통용될 수
있다.

半舌有輕重二音이니라. 然韻書字母唯一이요 且國語雖不分輕重이라도
반 설 유 경 중 이 음　　　 연 운 서 자 모 유 일　　 차 국 어 수 불 분 경 중
皆得成音이니라. 若欲備用이면 則依脣輕例 ㅇ連書ㄹ下하면
개 득 성 음　　　　약 욕 비 용　 즉 의 순 경 례　 연 서　 하
爲半舌輕音이니 舌乍附上腭이니라.
위 반 설 경 음　　 설 사 부 상 악

　반혓소리(ㄹ)는 가벼운 소리와 무거운 소리가 있다. 한자음 사전의 첫
소리에서는 오직 하나뿐이며, 나라말(國語)[42]에서는 비록 가벼운 소리와
무거운 소리를 구분하지 않더라도 모두 소리를 이룰 수 있다. 만약 갖추
어 쓰려고 할 경우에 입술가벼운소리(ㅸ, ㆄ, ㅱ, ㅃ)의 예에 따라서 'ㅇ'을
'ㄹ' 아래에 붙여 쓰면 반혀가벼운소리(ᄛ)가 되는데 혀를 윗잇몸에 살
짝 댄다.

52

起ー聲。於國語無用。兒童之言。邊
野之語。或有之。當合二字而用。如
ㄱㅣㄱㅡ之類。其先縱後橫。與他不同。

訣曰

初聲在中聲左上

挹欲於諺用相同

中聲十一附初聲

圓橫書下右書縱

·一起ㅣ聲은 扵國語無用이니라. 児童之言이나 邊野之語에는
或有之이니 當合二字而用에는 如기·긔之類니라.

其先縱하고 後橫하니 與他不同이니라. 訣曰

　'·'와 'ㅡ'가 'ㅣ'에서 시작되는 소리는 나라말에서는 쓰이지 않는다. 다만 아이들이 쓰는 말이나 변두리 시골에서 쓰이는 말 중에는 혹 있을 수 있으니 마땅히 두 글자를 합하여 쓸 경우에는 가령 '기, 긔' 따위와 같이 쓴다. 이것은 세로를 먼저 쓰고 뒤에 가로획을 쓰니 다른 글자와 는 쓰는 순서가 다르다. 간추려 말하면,

初聲在中聲左上이요 挹[ㆆ]欲[ㅇ]扵諺用相同이라.

　첫소리는 가운뎃소리의 왼쪽과 위쪽에 쓰는데 'ㆆ'과 'ㅇ'이 토박이말 에서는 서로 같이 쓰이네.

中聲十一附初聲이요 圓橫書下右書縱이라.

　가운뎃소리 열한 글자는 첫소리에 붙는데 둥근 것(·)과 가로인 것 (ㅡ)은 (첫소리) 아래에 쓰고 오른쪽에는 세로인 것(ㅣ)을 쓰네.

53

欲書終聲在何處

初中聲下接着寫

初終合用各並書

中亦有合悉自左

諺之四聲何以辨

平聲則弓上則石

刀為去而筆為入

觀此四物他可識

43 弓(궁: 활), 石(석: 돌), 刀(도: 칼), 筆(필: 붓).

欲書終聲在何處요 初中聲下接着寫라.
욕 서 종 성 재 하 처   초 중 성 하 접 착 사

　　끝소리를 쓰고자 한다면 어느 위치에 둘 것인가? 첫소리와 가운뎃소
리 아래에 붙여서 쓰네.

初終合用各並書요 中亦有合悉自左라.
초 종 합 용 각 병 서   중 역 유 합 실 자 좌

　　첫소리와 끝소리를 합하여 쓰려면 각각 나란히 쓰고 가운뎃소리도 합
하여 쓸 때가 있으니 모두 왼쪽부터 쓰네.

諺之四聲何以辨이오 平聲則弓[활]上則石[돌]이라.
언 지 사 성 하 이 변   평 성 즉 궁   상 즉 석

　　토박이말에서 사성은 어떻게 분별할까? 평성은 '활(활)'이고 상성은
'돌(돌)'이네.

刀[갈]為去而筆[붇]為入이니 觀此四物他可識이라.
도   위 거 이 필   위 입   관 차 사 물 타 가 식

　　'갈(칼)'은 거성이고 '붇(붓)'은 입성이 되니 이 네 가지[43]의 경우를 보
면 다른 것도 알 수 있네.

54

音因左點四聲分

一去二上無點平

語入無定亦加點

文之入則似去聲

方言俚語萬不同

有聲無字書難通

一朝

制作侔神工

---

44 훈민정음 이전에도 우리말 소리가 분명히 존재했지만 자서(글자학습서)가 없었을 뿐이라는 사실을
확인하고 있다.

音因左點四聲分하니 一去二上無點平이라.
음 인 좌 점 사 성 분　　일 거 이 상 무 점 평

　　소리를 바탕으로 하여 왼쪽의 점을 통해 사성을 구분하니 점이 하나
면 거성, 둘이면 상성, 점이 없으면 평성이네.

語入無定亦加點이니 文之入則似去聲이라.
어 입 무 정 역 가 점　　문 지 입 즉 사 거 성

　　토박이말에서 입성은 일정하지 않으나 (평성, 상성, 거성과) 마찬가지
로 점을 찍는데 한자음의 입성은 거성과 유사하네.

方言俚語萬不同하여 有聲無字書難通이라.
방 언 리 어 만 부 동　　유 성 무 자 서 난 통

　　사투리(方言)나 속어(俚語)가 모두 달라, 소리는 있으나 자서가 없어
(有聲無字書)[44] 소통이 어려웠네.

一朝 制作侔神工하니
일 조 제 작 모 신 공

　　하루아침에 신과 같은 솜씨로 지으셨으니

55

大東千古開矇矓

用字例

初聲ㄱ。如감為柿。ᄀ為蘆。ㅋ。如우

케為未舂稻。콩為大豆。ㅇ。如러울

為獺。ᄉ에為流澌。ㄷ。如뒤為茅。담

為墻。ㅌ。如고티為繭。두텁為蟾蜍。

ㄴ。如노로為獐。납為猿。ㅂ。如불為

臂。빌為蜂。ㅍ。如파為葱。플為蠅。ㅁ。

---

45 조선을 지칭함.
46 훈민정음 해례본에 첫소리(자음), 가운뎃소리(모음), 끝소리(받침) 순서와 사용례를 설명.

大東千古開矇矓이라.
대 동 천 고 개 몽 롱

우리나라(大東)[45]의 천고의 세월에 어둠을 여시었네.

6. 용자례(用字例)[46]

初聲ㄱ은 如·감爲柿요 ·골爲蘆니라.
초성 여 위시 위로

ㅋ은 如우·케爲未舂稻요 콩爲大豆니라.
여 위미용도 위대두

ㆁ은 如러·울爲獺이요 서에爲流澌니라.
여 위달 위류시

ㄷ은 如·뒤爲茅요 ·담爲墻이니라.
여 위모 위장

ㅌ은 如고·티爲繭이요 두텁爲蟾蜍니라.
여 위견 위섬여

ㄴ은 如노로爲獐이요 납爲猿이니라.
여 위장 위원

ㅂ은 如불爲臂요 ·벌爲蜂이니라.
여 위비 위봉

ㅍ은 如·파爲葱이요 ·폴爲蠅이니라.
여 위총 위승

첫소리 'ㄱ'은 ':감(감), ·골(갈대)'과 같이 쓴다. 'ㅋ'은 '우·케(아직 찧지 않은 벼), '콩(콩)'과 같이 쓴다. 'ㆁ'은 '러·울(너구리), 서에(성에)'와 같이 쓴다. 'ㄷ'은 '·뒤(띠), ·담(담)'과 같이 쓰며, 'ㅌ'은 '고·티(고치), 두텁(두꺼비)'과 같이 쓴다. 'ㄴ'은 '노로(노루), 납(원숭이)'과 같이 쓴다. 'ㅂ'은 '불(팔), ·벌(벌)'과 같이 쓴다. 'ㅍ'은 '·파(파), ·폴(파리)'과 같이 쓴다.

〈 56 〉

如뫼為山·마為薯藇ᄫᅳ如사·ᄫᅵ為

蝦드·뵈為瓠·뒤如·자為尺죠·ᄒᆡ為

紙·대如·갈為籬·채為鞭·손如·손為

手·셤為島ᄒᆞ·디如·부헝為鵂鶹·힘為

筋○如·비·육為鷄雛·ᄇᆞ얌為蛇·ᄅᆞ

如·ᄆᆞ·뤼為雹·어·름為氷△如아·ᅀᆞ

為弟·니·ᅀᅵ為鴇中聲··如·ᄐᆞᆨ為頤

·ᄠᅳ為小豆·ᄃᆞ·리為橋ᄀᆞ·래為楸一

ㅁ은 如:뫼為山이요 ·마為薯蓣니라.
　여　위산　　위 서 여

ㅸ은 如사·비為蝦요 드·뵈為瓠니라.
　여　　위하　　위호

ㅈ은 如·자為尺이요 죠·히為紙니라.
　여　위척　　위지

ㅊ은 如·체為籭요 ·채為鞭이니라.
　여　위사　　위편

ㅅ은 如·손為手요 :셤為島니라.
　여　위수　　위도

ㅎ은 如·부헝為鵂鶹요 ·힘為筋이니라.
　여　위휴류　　위근

ㅇ은 如·비육為鷄雛요 ·브얌為蛇니라.
　여　위계추　　위사

ㄹ은 如·무뤼為雹이요 어·름為氷이니라.
　여　위박　　위빙

ㅿ은 如아ᅀᆞ為弟요 :너ᅀᅵ為鴇니라.
　여　위제　　위보

　‘ㅁ’은 ‘:뫼(산), ·마(마)’와 같이 쓴다. ‘ㅸ’은 ‘사·비(새우), 드·뵈(뒤웅박)’
과 같이 쓴다. ‘ㅈ’은 ‘·자(자), 죠·히(종이)’와 같이 쓴다. ‘ㅊ’은 ‘·체(체),
·채(채찍)’와 같이 쓴다. ‘ㅅ’은 ‘·손(손), :셤(섬)’과 같이 쓴다. ‘ㅎ’은 ‘·부헝
(부엉이), ·힘(힘줄)’과 같이 쓴다. ‘ㅇ’은 ‘·비육(병아리), ·브얌(뱀)’과 같
이 쓴다. ‘ㄹ’은 ‘·무뤼(우박), 어·름(얼음)’과 같이 쓴다. ㅿ는 ‘아ᅀᆞ(아우),
:너ᅀᅵ(너새)’와 같이 쓴다.

中聲·는 如·톡為頤요 ·꼿為小豆요 ᄃᆞ리為橋요 ·ᄀᆞ래為楸니라.
중성　여　위이　　위소두　　위교　　위추

　가운뎃소리 ‘·’는 ‘·톡(턱), ·꼿(팥), ᄃᆞ리(다리), ·ᄀᆞ래(가래나무)’와 같이
쓴다.

如믈為水·발측為跟·그력為鴈·드

·레為汲器·ㅣ·如깃為巢밀為蠟·피

為稷·키為箕·ㅗ·如논為水田·톱為

鉅·호·미為鉏·비·로為硯·卜·如밥為

飯·낟為鎌·이·아為綜·사合為鹿·ㅗ·

如슷為炭·울為籠·누·에為蚕·구·리

為銅·ㅗ·如브쉽為竈·널為板·서·리

為霜·버·들為柳·ㅗ·如죵為奴·고·욤

ᅳ는 如·믈 爲水요 ·발·측 爲跟이요 그력 爲鴈이요 드·레 爲汲器니라.

ㅣ는 如·깃 爲巢요 ·밀 爲蠟이요 ·피 爲稷이요 ·키 爲箕니라.

ㅗ는 如·논 爲水田이요 ·톱 爲鉅요 호·미 爲鉏요 벼·로 爲硯이니라.

ㅏ는 如·밥 爲飯이요 ·낟 爲鎌이요 이·아 爲綜이요 사·슴 爲鹿이니라.

ㅜ는 如·숫 爲炭이요 ·울 爲籬요 누·에 爲蚕이요 구·리 爲銅이니라.

ㅓ는 如브·섭 爲竈요 ·널 爲板이요 서·리 爲霜이요 버·들 爲柳니라.

ㅛ는 如·쥰 爲奴요 ·고욤 爲梬이요

'ᅳ'는 '·믈(물), ·발·측(발꿈치), 그력(기러기), 드·레(두레박)'와 같이
쓴다. 'ㅣ'는 '·깃(둥지), ·밀(밀랍), ·피(피), ·키(키)'와 같이 쓴다. 'ㅗ'는
'·논(논), ·톱(톱), 호·미(호미), 벼·로(벼루)'와 같이 쓴다. 'ㅏ'는 '·밥(밥),
·낟(낫), 이·아(잉아), 사·슴(사슴)'과 같이 쓴다. 'ㅜ'는 '·숫(숯), ·울(울타
리), 누·에(누에), 구·리(구리)'와 같이 쓴다. 'ㅓ'는 '브·섭(부엌), ·널(널빤
지), 서·리(서리), 버·들(버드나무)'과 같이 쓴다. 'ㅛ'는 '·쥰(종, 노비), ·고
욤(고욤나무),

為樺。ᅀᅩ為牛。삽됴為蒼朮菜。ᄫᅡᆞ如

남샹為龜。약為鼊。다야為匬。쟈

감為蕎麥皮。ᆢ如율믜為薏苡。ᅣ

為飯。벼슬為雨繖。쥭련為帨。ᅦ

如잇為飴餹。뒐為佛寺。ᄲᅵ為稻。쥬

비為燕。終聲ㄱ。如딕為楮。독為甕。

ㅇ。如굼벙為蠐螬。올창為蝌蚪。ㄷ。

如갇為笠。싣為楓。ㄴ。如신為屨。반

·쇼為牛요 삽됴為蒼朮菜니라.
　위우　　위 창 출 채

　·쇼(소), 삽됴(삽주)'와 같이 쓴다.

ㅑ는 如남샹為龜요 약為鼅鼊이요 다·야為區요 쟈감為蕎麥皮니라.
　여　위귀　　위 구 벽　　　위이　　위 교 맥 피

ㅠ는 如율믜為薏苡요 쥭為飯桒요 슈·룸為雨繖이요 쥬련為帨니라.
　여　위 의 이　　위 반 초　　위 우 산　　　위세

ㅕ는 如·엿為飴餹이요 ·뎔為佛寺요 벼為稻요 ·져비為燕이니라.
　여　위 이 당　　위 불 사　　위 도　　위 연

　　'ㅑ'는 '남샹(남생이), 약(거북), 다·야(손대야), 쟈감(메밀껍질)'과 같이
쓴다. 'ㅠ'는 '율믜(율무), 쥭(밥주걱), 슈·룸(우산), 쥬련(수건)'과 같이 쓴
다. 'ㅕ'는 '·엿(엿), ·뎔(절), 벼(벼), ·져비(제비)'와 같이 쓴다.

終聲ㄱ은 如닥為楮요 독為甕이니라.
종성.　여　위저　위옹

ㆁ은 如굼벙為蠐螬요 ·올창為蝌蚪니라.
　여　　위 제 조　　위 과 두

ㄷ은 如·갇為笠이요 싣為楓이니라.
　여　　위 립　　위 풍

ㄴ은 如·신為屨요 ·반되為螢이니라.
　여　위구　위형

　　끝소리 'ㄱ'은 '닥(닥나무), 독(독, 항아리)'과 같이 쓴다. 'ㆁ'은 '굼벙
(굼벵이), ·올창(올챙이)'과 같이 쓴다. 'ㄷ'은 '·갇(삿갓), 싣(신나무)'과
같이 쓴다. 'ㄴ'은 '·신(신), ·반되(반딧불이)'와 같이 쓴다.

되為螢。ㅂ。如십為薪。굽為蹄。ㅁ。如

범為虎。심為泉。ㅅ。如잣為海松。못

為池。己。如둘為月。별為星之類

有天地自然之聲則必有天地

自然之文。所以古人因聲制字。

以通萬物之情。以載三才之道。

而後世不能易也。然四方風土

區別。聲氣亦隨而異焉。盖外國

---

47 정인지(鄭麟趾, 1396년(태조 5)~1478년(성종 9)), 조선 초기 대표적 유학자 중 한 사람. 한글 창제에도 관여[『한국민족문화대백과 사전』(한국정신문화연구원, 1996)]. '정인지 서문'이라는 제목은 해례본에는 없지만, 이 부분을 『세종실록』 1446년 9월 29일자 기록에서 '정인지서'라 일컬음.

ㅂ은 如섭為薪이요 굽為蹄니라.
　　여　위신　　위제

ㅁ은 如범為虎요 :심為泉이니라.
　　여　위호　　위천

ㅅ은 如잣為海松이요 못為池니라.
　　여　위해송　　위지

ㄹ은 如돌為月이요 별為星之類니라.
　　여　위월　　위성지류

　'ㅂ'은 '섭(섶나무), 굽(발굽)'과 같이 쓴다. 'ㅁ'은 '범(범, 호랑이), :심 (샘)'과 같이 쓴다. 'ㅅ'은 '잣(잣나무), 못(연못)'과 같이 쓴다. 'ㄹ'은 '돌(달), 별(별)' 따위와 같이 쓴다.

7. 정인지[47] 서문(鄭麟趾 序)

有天地自然之聲이면 則必有天地自然之文이니라.
유천지자연지성　　　즉필유천지자연지문

所以古人因聲制子하여 以通萬物之情하고 以載三才之道하니
소이고인인성제자　　　이통만물지정　　　이재삼재지도

而後世不能易也니라.
이후세불능역야

　천지자연의 소리가 있으면 반드시 천지자연의 글자가 있어야 한다. 그러므로 옛 사람이 소리에 따라 글자를 만들어 만물의 뜻(情)을 통하게 하였고 삼재(天地人)의 이치를 실었으니 후세 사람이 능히 (글자를) 바꿀 수 없었다.

然四方風土區別이요 聲氣亦隨而異焉이니라.
연사방풍토구별　　　성기역수이이언

　그러나 동서남북 사방의 풍토가 다르고 말소리의 기운도 또한 서로 다르다.

之語。有其聲而無其字。假中國
之字以通其用。是猶枘鑿之鉏
鋙也。豈能達而無礙乎。要皆各
隨所處而安。不可强之使同也。
吾東方禮樂文章。侔擬華夏。但
方言俚語。不與之同。學書者患
其旨趣之難曉。治獄者病其曲
折之難通。昔新羅薛聰。始作吏

48 나라 안(중국)과 대비하여 '바깥 지역'이라는 의미로 쓰인 '외국'이다. '이웃나라'로 해석할 경우엔 세종대왕도 참고할 정도로 주변국들이 사용하던 문자가 이미 존재했으므로 이 구절에서의 의미로는 통하지 않는다.

49 나라 안에서 사용하는 문자. 당시에 '중국'과 '외국'에 사용된 '국(國)'의 의미는 봉건(封建) 제도와 맥락을 같이한다. 가령, '황제'가 '제후'를 임명하여 땅을 하사하고, '제후'는 '대부'를 임명하여 땅을 하사해서 황제)제후)대부의 서열로 통치하였는데, 황제가 제후들에게 하사하는 땅이란 의미가 '국(國)'이고, 제후들이 방국을 나눠서 대부들에게 하사한 땅이란 의미가 '가(家)'라는 단어이다[이중톈, 『이중톈 중국사5 (춘추에서 전국까지)』 (글항아리, 2015)]. 그러므로 당시에 '중국(中國)'이란 황제가 계신 중심이란 의미이고, 외국(外國)이란 제후국들을 가리킨다고 보여진다.

盖外國之語는 有其聲而無其字하여 假中國之字以通其用하니라.
개 외 국 지 어   유 기 성 이 무 기 자   가 중 국 지 자 이 통 기 용

是猶枘鑿之鉏鋙也니 豈能達而無礙乎아?
시 유 예 조 지 서 어 야   기 능 달 이 무 애 호

要皆各随所處而安이요 不可强之使同也니라.
요 개 각 수 소 처 이 안   불 가 강 지 사 동 야

　　대개 나라 밖(外國)[48]의 말은 그 소리는 있으나 글자가 없어, 나라 안
의 문자(中國之字)[49]를 빌려 사용하여 통하고 있다. 이것은 모난 자루를
둥근 구멍(枘鑿)에 끼운 것처럼 서로 어긋나는 일이어서 어찌 능히 (소
통하는 데) 막힘이 없을 수 있겠는가? 요컨대 (글자란) 모두 각자 사는
곳에 따라서 정해지는 것이지 억지로 모두 같은 글자를 쓰게 할 수는
없는 것이다.

吾東方禮樂文章은 侔擬華夏하나 但方言俚語가 不與之同이니
오 동 방 례 락 문 장   모 의 화 하   단 방 언 리 어   불 여 지 동

學書者患其旨趣之難曉요 治獄者病其曲折之難通이니라.
학 서 자 환 기 지 취 지 난 효   치 옥 자 병 기 곡 절 지 난 통

　　우리 조선(東方)[50]은 예악(禮樂)과 문장(文章)[51]이 화하(華夏)[52]와 견줄
만한데 다만 사투리와 속어가 동일하지 않아서 글을 배우는 자가 그 의
미를 깨치는 데 어려워하고 법을 다루는 자는 그 곡절[53]을 판단하기 어
려워 괴로워하였다.

昔新羅薛聰이 始作吏讀하여
석 신 라 설 총   시 작 리 두

　　옛날 신라의 설총이 처음으로 이두를 만들어

50 조선을 가리켜 동국(東國)이라 하였던 데서 비롯된 명칭.
51 조선에 '문장(문법과 언어표현)'이 존재하였음을 명백하게 표기하고 있다.
52 당시에 한족(漢族)이 세운 나라를 일컫는 말.
53 곡절: 이런저런 복잡한 사정과 내용.

61

讀。官府民間。至今行之。然皆假
字而用。或澁或窒。非但鄙陋無
稽而已。至扵言語之間。則不能
達其萬一焉。癸亥冬。我
殿下創制正音二十八字。略揭
例義以示之。名曰訓民正音。象
形而字倣古篆。因聲而音叶七
調。三極之義。二氣之妙。莫不該

54 방언이나 이어에서 이두를 사용하지만 통하지 않는 게 많아서 이해하기를 포기하게 되는데, 방언이나 이어를 우리말과 견주어 보면 만분의 일도 통하는 게 없다는 내용으로, 방언이나 이어를 말하면서도 글자가 없어서 화(華)나라의 한자를 빌려 표기하는 백성을 위해 훈민정음을 만들게 되었음을 설명하는 부분으로 해석될 수 있고, 나아가서는 훈민정음 이전에도 우리말이 분명히 존재하였음을 알 수 있다.

55 한글을 만든 이유와 한글의 사용법을 세종대왕이 직접 각 글자의 소리에 대해 간략하게 설명한 글.

56 '백성을 가르치는 바른소리'.

57 한자 서체의 일종으로 '전자(篆字)'를 가리킨다. 예서(隸書) 서체 이후에 여러 서체가 나오기 전에 가장 오래된 서체. 대전(大篆)과 소전(小篆)의 두 가지가 있으며 대전(大篆)은 주(周)나라 때의 것이고, 소전(小篆)은 진(秦)나라 시황제(始皇帝) 때에 이사(李斯)라는 사람이 대전(大篆)을 간략하게 만든 것. 전서(篆書)라고 말할 때는 일반적으로 소전(小篆)을 가리킨다[정민·강민경·박동욱·박수밀, 『살아있는 한자 교과서』 (휴머니스트 출판사,2011)].

官府民間에 至今行之나 然皆假字而用이니 或澁或窒이니라.
관 부 민 간 　지 금 행 지 　연 개 가 자 이 용 　혹 삽 혹 질

非但鄙陋無稽而已요 至於言語之間에는 則不能達其萬一焉이니라.
비 단 비 루 무 계 이 이 　지 어 언 어 지 간 　즉 불 능 달 기 만 일 언

　관청과 민간에서 지금까지도 쓰고 있지만 모두 한자를 빌려 쓰기 때문에 어떤 것은 어색하고 어떤 것은 (우리말과) 들어맞지 않는다. (이두를 쓰는 것은)[54] 비단 속되고 근거가 없을 뿐만 아니라 실제 말을 전달하는 데는 그 만분의 일도 반영하지 못하였다.

癸亥冬에 我殿下創制正音二十八字하여
계 해 동 　아 전 하 창 제 정 음 이 십 팔 자

略揭例義以示之하시니 名曰訓民正音이니라.
약 게 예 의 이 시 지 　명 왈 훈 민 정 음

　계해년 겨울(1443년 12월)에 우리 전하께서 바른소리 스물여덟 자를 창제하여 간략한 '예의(例義)'[55]를 들어보이시며 그 이름을 훈민정음[56]이라고 하셨다.

象形而字倣古篆하되 因聲而音叶七調니라.
상 형 이 자 방 고 전 　인 성 이 음 협 칠 조

三極之義와 二氣之妙가 莫不該括이니라.
삼 극 지 의 　이 기 지 묘 　막 불 해 괄

　형상을 본뜨되(象形) 글자 모양은 고전(古篆)[57]을 모방하였고 소리의 원리에 따르되 그 음률(音)은 칠조(七調)[58] 가락과 화합한다. (천지인) 삼극[59]의 뜻과 (음양) 이기의 오묘함을 모두 갖추었다.

---

58 조선 전기 향악에 쓰인 일곱 개의 조. 《악학궤범》 권1의 악조총의(樂調總義)에 의하면, 일지(一指), 이지(二指), 삼지(三指), 사지(四指) 또는 횡지(橫指), 오지(五指) 또는 우조(羽調), 육지(六指) 또는 팔조(八調), 칠지(七指) 또는 막조(邈調)의 일곱 조를 가리킨다[『한국민족문화대백과사전』 (한국정신문화연구원, 1996)].

59 삼재: 하늘(天), 땅(地), 사람(人).

62

括以二十八字而轉換無窮。簡
而要。精而通。故智者不終朝而
會。愚者可浹旬而學。以是解書。
可以知其義。以是聽訟。可以得
其情。字韻則清獨之能辨。樂歌
則律呂之克諧。無所用而不備。
無所往而不達。雖風聲鶴唳。雞
鳴狗吠。皆可得而書矣。遂

60 악곡에 비추어 부르는 노래[한국고전용어사전 편찬위원회, 『한국고전용어사전』(세종대왕기념사업회, 2001)].

61 육율(六律)과 육려(六呂)의 총칭으로서 12율을 총칭하는 말. 한 옥타브 안에 배열된 열두 율은 황종(C) · 대려(C#) · 태주(D) · 협종(D#) · 고선(E) · 중려(F) · 유빈(F#) · 임종(G) · 이칙(G#) · 남려(A) · 무역(A#) · 응종(B)이고 12율인 율려의 한 율은 양악(洋樂)의 반음에 해당한다[송방송, 『한겨레음악대사전』(보고사,2012)].

以二十八字而轉換無窮하고 簡而要하며 精而通이니라.
이 이십팔자이전환무궁   간이요   정이통

故智者不終朝而會요 愚者可浹旬而學이니라.
고지자부종조이회   우자가협순이학

　　스물여덟 글자를 가지고도 전환이 무궁하고 간단하면서도 요점을 잘
드러내며 정밀한 뜻을 담으면서도 널리 통한다. 따라서 지혜로운 자는
아침 한나절이면 배우고, 우매한 자도 열흘이면 배울 수 있다.

以是解書면 可以知其義요 以是聽訟이면 可以得其情이니라.
이 시 해 서   가 이 지 기 의   이 시 청 송   가 이 득 기 정

　　이 글자로써 글(한문)을 풀이하면 그 뜻을 알 수 있고 이것으로 송사
를 다루면 그 사정을 알 수 있다.

字韻則淸濁之能辨이요 樂歌則律呂之克諧니라.
자 운 즉 청 탁 지 능 변   악 가 즉 률 려 지 극 해

無所用而不備요 無所往而不達이니라.
무 소 용 이 불 비   무 소 왕 이 부 달

　　글자 소리로는 맑은소리, 탁한소리를 능히 분별할 수 있고 악가(樂
歌)[60]로는 율려(律呂)[61]와 능히 화합할 수 있다. 사용하기에 모든 게 갖
춰졌으며 하고자 하는 곳에 도달하지 못할 게 없다.

雖風聲鶴唳와 雞鳴狗吠라도 皆可得而書矣니라.
수 풍 성 학 려   계 명 구 폐   개 가 득 이 서 의

　　바람 소리, 학의 울음 소리, 닭 우는 소리, 개 짖는 소리도 모두 글자로
적을 수 있다.

63

命詳加解釋。以喩諸人。扵是。臣

與集賢殿應敎臣崔恒。副校理

臣朴彭年。臣申叔舟。修撰臣成

三問。敦寧府注簿臣姜希顏。行

集賢殿副修撰臣李塏。臣李善

老等。謹作諸解及例。以敍其梗

槩。庶使觀者不師而自悟。若其

淵源精義之妙。則非臣等之所

逐命詳加解釋하여 以喩諸人하시니라.
수 명 상 가 해 석   이 유 제 인

　드디어 (임금께서) 자세한 풀이를 더하여 모든 사람들을 깨우치도록
분부하시었다.

扵是에 臣與集賢殿應敎臣崔恒, 副校理臣朴彭年, 臣申叔舟,
어 시   신 여 집 현 전 응 교 신 최 항   부 교 리 신 박 팽 년   신 신 숙 주

修撰臣成三問, 敦寧府注簿臣姜希顔, 行集賢殿副修撰臣李塏,
수 찬 신 성 삼 문   돈 녕 부 주 부 신 강 희 안   행 집 현 전 부 수 찬 신 이 개

臣李善老等, 謹作諸解及例, 以敍其梗槩하니라.
신 이 선 로 등   근 작 제 해 급 례   이 서 기 경 개

　이에 신(정인지)이 집현전 응교 최항, 부교리 박팽년과 신숙주, 수찬
성삼문, 돈령부 주부 강희안, 행 집현전 부수찬 이개와 이선로 등과 더
불어 삼가 여러 풀이와 예를 만들어 간략하게 서술하였다.

庶使觀者로 不師而自悟니라.
서 사 관 자   불 사 이 자 오

若其淵源精義之妙는 則非臣等之所能裘揮也니라.
약 기 연 원 정 의 지 묘   즉 비 신 등 지 소 능 발 휘 아

　보는 사람으로 하여금 스승 없이도 스스로 깨치게 되기를 바라셨으나
그 깊은 연원과 정밀한 뜻은 신묘하여 신들이 능히 밝힐 수 있는 바가
아니었다.

64

能贊揮也。恭惟我
殿下。天縱之聖。制度施為超越
百王。正音之作。無所祖述。而成
於自然。豈以其至理之無所不
在而非人為之私也。夫東方有
國。不為不久。而開物成務之
大智。盖有待於今日也歟。正統
十一年九月上澣。資憲大夫禮

62 조선.
63 『주역 (周易)』의 〈계사전〉에 나오는 말로, 천하의 사물을 개통시키고 사업을 성취시킨다는 뜻.

恭惟我殿下, 天縱之聖으로 制度施為超越百王이시니라.
공 유 아 전 하 천 종 지 성   제 도 시 위 초 월 백 왕

삼가 생각하옵건대, 우리 전하께서는 하늘이 내린 성인으로서 제도를
베풀어 행하심이 모든 왕을 초월하시었다.

正音之作이 無所祖述이요 而成扵自然이니라.
정 음 지 작   무 소 조 술   이 성 어 자 연

바른소리의 창제는 옛 조상의 것을 이은 게 아니라 자연의 이치에 따
른 것이다.

豈以其至理之無所不在요 而非人為之私也니라.
기 이 기 지 리 지 무 소 부 재   이 비 인 위 지 사 야

참으로 그 지극한 이치가 닿지 않는 곳이 없으니 이는 사람이 사사로
이 이룬 것이 아니다.

夫東方有國이 不為不久이되 而開物成務之大智는 盖有待扵今日也歟니라.
부 동 방 유 국   불 위 불 구   이 개 물 성 무 지 대 지   개 유 대 어 금 일 야 여

무릇 동방에 나라[62]가 있은 지가 비록 오래 되었지만 만물의 이치를
깨달아 모든 일을 이루는(開物成務)[63] 큰 지혜는 아마도 오늘을 기다리
고 있었던 것이 아니겠는가.

正統十一年九月上澣에
정 통 십 일 년 구 월 상 한

정통 11년 9월 상순(세종 28년, 1446년 9월 10일)에

65

曹判書集賢殿大提學知春秋

館事 世子右賓客臣鄭麟趾

拜手稽首謹書

訓民正音

資憲大夫禮曹判書集賢殿大提學知春秋館事,
자 헌 대 부 예 조 판 서 집 현 전 대 제 학 지 춘 추 관 사

世子右賓客臣鄭麟趾拜手稽首謹書하나이다.
세 자 우 빈 객 신 정 인 지 배 수 계 수 근 서

　　자헌대부 예조판서 집현전 대제학 지춘추관사 세자우빈객 신하 정인
지가 두 손 모아 절하고 머리 조아려 삼가 쓰옵니다.

訓民正音
훈 민 정 음

국민보급형
훈민정음 해례본

| 1판 1쇄 발행 | 2019년 1월 30일 |
| 1판 7쇄 발행 | 2024년 10월 9일 |

원작	세종대왕
글	이영호
발행인	윤미소
발행처	(주)달아실출판사

책임편집	박제영
디자인	안수연
기획위원	박정대, 이홍섭, 전윤호
편집위원	김선순, 이나래
법률자문	김용진, 이종진

주소	강원도 춘천시 춘천로 257, 2층
전화	033-241-7661
팩스	033-241-7662
이메일	dalasilmoongo@naver.com
출판등록	2016년 12월 30일 제494호

ISBN   979-11-88710-27-0 93700

* 이 도서의 국립중앙도서관 출판예정도서목록(CIP)은 서지정보유통지원시스템 홈페이지
  (http://seoji.nl.go.kr)와 국가자료공동목록시스템(http://www.nl.go.kr/kolisnet)에서 이용하
  실 수 있습니다.(CIP제어번호: CIP2019000579)
* 잘못된 책은 구입한 곳에서 바꿔드립니다.
* 책값은 뒤표지에 표시되어 있습니다.